Sexta edición

Cuaderno de actividades

Avanzando

Gramática española y lectura

Sara Lequerica de la Vega

Carmen Salazar

Los Angeles Valley College

BICENTENNIAL
1807
WILEY
2007
BICENTENNIAL

John Wiley & Sons, Inc.

To order books or for customer service please, call 1-800-CALL WILEY (225-5945).

ISBN-13 978- 0-471-70012-8
ISBN-10 0-471-70012-6

Printed in the United States of America

10 9 8 7 6 5 4 3 2 1

Printed and bound by Hamilton

por/para   wb = 155-157 ✓
Relativos   wb = 146-149 ¿¿214?

subj.   wb = 93-97
                 98-99 III
                 101-105

missing subj. Hw

Contenido

Cuaderno de actividades

Capítulo preliminar

Diptongos y triptongos

I. Marque el espacio con una **X** si la palabra contiene un diptongo o un triptongo.

1. __X__ baúl   **6.** __X__ diamante   **11.** __X__ causa   **16.** __X__ Gloria

2. __X__ acción   **7.** __X__ Paraguay   **12.** __X__ ciudad   **17.** __X__ reina

3. __X__ poema   **8.** __X__ antología   **13.** __X__ país   **18.** __X__ Luis

4. _____ leyeron   **9.** __X__ océano   **14.** __X__ traído   **19.** __X__ huevo

5. __X__ caigo   **10.** __X__ cuaderno   **15.** __X__ dieciséis   **20.** __X__ sociología

División de sílabas

I. Escriba las siguientes palabras, separando las sílabas.

      MODELO: cartero   **car-te-ro**

1. maravilloso _____   **11.** abstracción _____

2. paisaje _____   **12.** parquecito _____

3. aguacate _____   **13.** innecesario _____

4. instrucción _____   **14.** miércoles _____

5. enfrente _____   **15.** veía _____

6. septiembre _____   **16.** usado _____

7. guitarra _____   **17.** naciones _____

8. perro _____   **18.** influencia _____

9. estudiaría _____   **19.** almohada _____

10. atleta _____   **20.** comiendo _____

Acentuación

I. Escriba en el espacio **A, L, E** o **S** para indicar si la palabra es **Aguda**, **Llana**, **Esdrújula** o **Sobresdrújula**.

1. _____ perro   **6.** _____ continúe   **11.** _____ capítulo

2. _____ musicólogo   **7.** _____ dígamela   **12.** _____ baile

3. _____ necesario   **8.** _____ universidad   **13.** _____ papá

4. _____ poquito   **9.** _____ fácil   **14.** _____ cómprasela

5. _____ jardín   **10.** _____ pájaro   **15.** _____ indíqueme

II. Escriba las siguientes palabras, separando las sílabas. Después subraye la sílaba que lleva el acento hablado. *underline*

   MODELO: billete ___**bi-lle-te**___

1. artista_____   **9.** cohete _____

2. cabello _____   **10.** libertad _____

3. entender _____   **11.** torres _____

4. escribieron _____   **12.** general _____

5. canciones_____   **13.** callado _____

6. donde _____   **14.** cortes _____

7. viejo _____   **15.** reloj _____

8. cuarto_____   **16.** estudiante _____

III. Escriba el acento en las palabras subrayadas cuando sea necesario. Observe el significado de éstas.

1. Es necesario que Ud. me de ese billete de lotería.

2. Te voy a traer un vaso de te helado.

3. Este regalo es para <u>mi</u> porque hoy es <u>mi</u> cumpleaños.

4. <u>Si</u>, claro, siempre <u>como</u> en la cafetería.

5. ¿<u>Cuanto</u> te costó la calculadora?

6. ¡<u>Que</u> lindas son las playas del Caribe!

7. ¿<u>Que</u> quieres <u>que</u> le diga a tu primo?

8. ¿<u>Como</u> se llama el rector de la universidad? No <u>se</u> <u>como</u> se llama.

9. <u>Tu</u> siempre llevas <u>tu</u> auto. ¿Por <u>que</u> no lo lleva <u>el</u>?

10. <u>Si</u> prefieres, no le pregunto <u>como</u> supo la verdad.

IV. Subraye la palabra correcta para completar las oraciones.

1. Recibí esta mañana la carta (que, qué) Luis me escribió desde Madrid. Me dice que (el / él) tiene muchos deseos de conocer bien a España y (sólo / solo) espera terminar el curso para viajar por todo el país.

2. (Cuando, Cuándo) íbamos hacia Málaga tuvimos problemas con el auto. No (sé / se) (qué / que) le pasó al motor que tuvimos (qué / que) quedarnos un día en Sevilla para arreglarlo.

3. No creo que le (dé / de) a leer a (mi / mí) amigo el artículo que escribí sobre la influencia del latín en el idioma español (porque / por qué) siempre critica todo lo que yo escribo.

V. Dé el plural de las siguientes palabras. ¡Cuidado con los acentos!

1. lección _____   6. examen _____

2. ocasión _____   7. alemán _____

3. portugués _____   8. cárcel _____

4. líder _____   9. región _____

5. orden _____   10. sofá _____

Mayúsculas

I. Lea con cuidado el siguiente párrafo. Después, subraye todas las palabras que deben ir con mayúscula.

en diciembre del año pasado fui de vacaciones a sudamérica. fui con los señores benitez, unos amigos argentinos que tienen parientes en la argentina, el ecuador y el salvador. me gustó muchísimo buenos aires, la capital argentina, que se encuentra junto al río de la plata. visitamos el teatro colón, que está situado en una de las principales avenidas de la ciudad. la calle florida es muy popular por sus muchas tiendas donde se encuentran todas las últimas modas europeas, principalmente las que vienen de francia e italia. compré muchos libros y encontré uno de jorge luis borges que se titula *siete noches*, que contiene las conferencias que él ofreció en el teatro coliseo de buenos aires en 1977.

II. **Nuestro viaje en México.** Repase las reglas sobre las mayúsculas en su libro de texto y haga las correcciones que sean necesarias en las siguientes oraciones.

1. al viajar por la carretera de Cuernavaca a taxco pudimos ver los volcanes popocatéptl e ixtaccíhuatl, llamados cariñosamente popo e ixta por los mexicanos.

2. en la basílica de Guadalupe había mucha gente de rodillas. algo impresionante para todos nosotros. muchos llevaban imágenes de la virgen maría, otros rezaban ante el sagrado corazón de jesús.

3. íbamos hacia la plaza llamada el zócalo cuando anita se dio cuenta de que había perdido su billetera donde llevaba papeles importantes, incluyendo su tarjeta con el número del seguro social. cruzó la calle insurgentes y se dirigió a la embajada americana, donde tuvo que reportar su pérdida.

III. Haga Ud. las correcciones que sean necesarias.

1. Le mandaron un correo electrónico a la srta. Méndez y al lic. Ortiz.

2. ¿Dónde van a pasar uds. la semana santa?

3. Por ser el 14 de febrero, día de los enamorados, me envió una docena de rosas.

4. Los mexicanos celebran la independencia el 16 de septiembre. En ee.uu celebramos el día de la independencia el 4 de julio.

5. Soy de centroamérica, de el salvador, pero me encantaría visitar los países andinos: bolivia, el perú y el ecuador.

6. El gop, es decir, el partido republicano, hizo una fuerte campaña en las últimas elecciones.

7. Creo que todos esos países pertenecen a la organización de estados americanos, la oea.

8. Del río colorado sale el agua para varios estados del sudoeste.

9. Ella trabaja para el seguro social. yo para el departamento de comercio.

10. La santa patrona de los músicos es santa cecilia.

Signos de puntuación

I. Añada Ud. los siguientes signos de puntuación: coma, dos puntos o puntos suspensivos donde sea necesario.

Querida Ana

Ayer fuimos a ver el Desfile de las Rosas en Pasadena, California. ¡Qué belleza qué exhuberancia de color e imaginación! Las carrozas (*floats*) estaban cubiertas de rosas gardenias jazmines claveles en fin todo tipo de flor y semilla se veía representado allí. Un señor que estaba a mi lado me preguntó "¿Hacen este desfile siempre el día de Año Nuevo?" Le contesté "Señor este desfile es ya una tradición y atrae una gran variedad de público viejos, jóvenes, niños y turistas que vienen de todas partes del mundo."

II. Añada las comillas o paréntesis que hagan falta en las siguientes oraciones.

1. Ustedes deben estudiar en su libro de historia capítulos 10-11 los efectos de la guerra civil.

2. Algunas aerolíneas Continental, American, Delta han ofrecido grandes descuentos.

3. Miguel de Cervantes 1547-1616 participó en la batalla de Lepanto Grecia donde perdió el uso de la mano izquierda.

4. Creo que ese escritor fue un hippie en aquellos años.

5. Nos grito en voz alta: Salgan de allí.

6. Las instrucciones páginas 20-25 están en inglés, pero la ilustración fig. 21 que aparece en la página 26 está en español.

7. Esa cita aparece en el cuento de García Márquez página 85.

8. Apocalipsis es el título de un cuento de Marco Denevi Argentina 1922 - .

III. Se han omitido los signos de puntuación en las siguientes oraciones. Escríbalos donde sea necesario.

1. Voy a ver por segunda vez la película "Evita"

2. Tengo las siguientes clases este semestre matemáticas física química biología e historia

3. Quién viene a cenar esta noche

4. Manuel cuando salgas lleva la capa de agua oí en la televisión que va a llover

5. Conocí a la novia de Arturo anoche Que inteligente es

6. La famosa frase de vine vi vencí se le atribuye al dictador romano Julio César una de las más altas figuras de la historia

IV. Marta y Roberto han invitado a los Salcedo a cenar. Ponga Ud. la puntuación que haga falta en el siguiente diálogo entre Marta y Roberto.

A qué hora vienen a cenar los Salcedo preguntó Marta.

Y Roberto le contestó Vienen a las siete

Marta estaba apurada

Por favor Roberto por qué no les pides que vengan un poco más tarde todavía no he ido al mercado.

Dime qué necesitas Yo te lo traigo.

Necesito lo siguiente aguacates cebollas tomates y cilantro.

Hmmm Qué bueno que vas a preparar un guacamole. También sería bueno que

Nada de también Bastante trabajo ya tengo

La oración y sus elementos principales

I. Marque el espacio con una **X** si la frase es una oración que contiene un pensamiento completo.

1. _____ Estuve en Madrid el mes pasado.

2. _____ Porque quiero verla el sábado por la tarde.

3. _____ Al salir de la biblioteca de la universidad.

4. _____ Nos encontramos frente al reloj de la torre.

5. _____ José, te digo que no.

6. _____ Nadie habla.

II. Identifique las partes de la oración, marcando debajo de las palabras subrayadas en la forma siguiente: los nombres con una **N**, los verbos con una **V**, los adjetivos con una **A** y los artículos con **art**.

> **MODELO:** El oro de América despertó la avaricia de muchas naciones.
>   art N   N   V   art N   A   N

El encuentro de dos mundos y dos culturas ocurrió el 12 de octubre de 1492

cuando los sorprendidos indios recibieron en el Nuevo Mundo a unos seres extraños

que traían espadas y cruces que eran cosas desconocidas para los indígenas.

III. En las siguientes oraciones subraye e identifique el sujeto (**S**), el verbo (**V**) y los complementos (**C**): predicativo (**pr**), directo (**dir**), indirecto (**ind**), circunstancial (**cir**).

> **MODELO:** <u>La América hispana</u> <u>ha dado</u> <u>grandes poetas</u>.
>   s   V   C-dir

1. Rubén Darío fue un gran poeta nicaragüense. Sus poemas son musicales. Los versos fluyen con soltura. Darío introdujo innovaciones en la poesía. Él le escribió un poema a Walt Whitman. Los poetas de su época imitaron a Darío.

2. Pedro es un abogado muy famoso. Su esposa Alicia está muy feliz. Antonio escribió esta tarjeta para ellos.

3. Nosotros les llevamos un regalo a Pedro y a Alicia. Sus hijos hacen una fiesta todos los años.

Repaso de la lectura

I. Escoja la mejor respuesta para cada pregunta basada en la lectura "Una puerta hacia la historia," páginas 22-25 del libro de texto.

1. ¿A qué se debió el enriquecimiento cultural de España?

    a. A la convivencia de varias civilizaciones.
    b. A la imposición del idioma español.
    c. A la invasión de los romanos.

2. ¿Qué es la Alhambra?

    a. Un monumento romano.
    b. Una fortaleza griega.
    c. Un palacio árabe.

3. ¿Quién trajo el latín a la Península Ibérica?

    a. Los judíos.
    b. Los romanos
    c. Los fenicios.

4. Según el autor, ¿qué importancia tiene El Escorial?

    a. Es el palacio donde viven los reyes de España.
    b. Es un palacio y monasterio donde se encuentran las tumbas de varios reyes españoles.
    c. Es una catedral en Madrid.

5. Entre las figuras de alcance universal en la literatura española, ¿qué dos nombres puede Ud. mencionar?

    a. Pablo Picasso y Federico García Lorca.
    b. Miguel de Cervantes y Lope de Vega
    c. Diego Velázquez y Salvador Dalí.

II. Después de repasar el vocabulario de la lectura, llene los espacios en blanco con la forma correcta de una de las siguientes palabras. Use el tiempo del verbo que sea necesario.

    belleza   huella   obra   castillo   paisaje   siglo   mezclar   demostrar

1. En las ciudades españolas se ven las _____ de las distintas civilizaciones que estuvieron allí.

2. El _____ es muy variado y hay hermosos _____ de gran _____ .

3. A través de los _____ diferentes grupos convivieron en España y se _____ entre ellos.

4. Las _____ de pintores como Goya, Velásquez, Picasso y Dalí _____ el gran valor artístico en España.

Del verbo: persona, número, modo y tiempo

I. ¿En qué modo están los verbos subrayados en las siguientes oraciones? ¿En indicativo, subjuntivo o imperativo?

    1. Rosita, <u>contesta</u> el teléfono.   _____

    2. <u>Salgo</u> a caminar todas las mañanas.   _____

    3. Mi amigo <u>es</u> un hombre guapo.   _____

    4. Dudo que <u>salgamos</u> a tiempo.   _____

    5. Deseo que <u>vayas</u> conmigo a la tienda.   _____

II. Escriba el infinitivo de las siguientes formas conjugadas.

1. recuerdo_____   **4.** prueban _____

2. tienes _____   **5.** despidieron _____

3. han escrito_____   **6.** están trayendo _____

Presente de indicativo

I. **Los romanos en España.** Llene los espacios en blanco con el presente de indicativo del verbo que aparece entre paréntesis. Observe el uso del presente histórico.

La dominación romana en España (1. durar) _____ aproximadamente

seis siglos (del II antes de Cristo hasta principio del V después de Cristo). Los romanos

(2. llevar) _____ a la Península su civilización, cultura, costumbres y

lengua. (3. Fundar) _____ ciudades, (4. crear) _____

escuelas y (5. edificar) _____ teatros y anfiteatros.

(6. Dejar) _____ magníficos ejemplos de obras públicas, como

carreteras, puentes y acueductos. El famoso Acueducto de Segovia

(7. quedar) _____ como ejemplo del avanzado conocimiento de inge-

niería de los romanos.

II. Imagínese que Ud. es director de cine. Luego, después de repasar los verbos que tienen cambios ortográficos y cambios en la raíz, escriba la forma correcta de los verbos entre paréntesis para indicar lo que Ud. hace.

1. (dirigir) (Yo) _____ la filmación de una película.

2. (escoger) _____ buenos artistas.

3. (seguir) _____ el guión cinematográfico (*script*).

4. (convencer) _____ al productor para hacer otra película.

5. (conseguir) _____ el dinero que necesitamos para la película.

III. Repaso de verbos. Complete las oraciones con el presente de indicativo de los verbos que están entre paréntesis. Cuidado: algunos verbos necesitan acento escrito.

1. (caber) Dicen que este auto es grande y que _____ seis personas, pero creo que yo no _____ aquí.

2. (ofrecer) Yo siempre le _____ dinero a mi hermana cuando lo necesita. Mi hermano también se lo _____.

3. (enviar) Si yo le _____ cien dólares, ¿por qué no le _____ tú unos cincuenta?

4. (proteger) Ustedes dicen que _____ el medio ambiente. Yo también lo _____.

5. (huir) Paco no es cobarde y nunca _____. Sin embargo, Marisa y yo _____ de toda situación peligrosa.

6. (reírse) ¿Por qué no _____ de mis chistes? Yo siempre _____ de los tuyos.

7. (traducir) Mis compañeros no _____ las frases porque no las entienden. En cambio yo _____ todas las palabras.

8. (enfriar) El aire acondicionado está descompuesto y no _____ bien.

IV. Complete las oraciones con el presente de indicativo de los verbos indicados a la derecha.

1. Mi abuelo _____ la siesta todos los días, pero   (dormir)

   nosotros no _____ hacerlo porque   (poder)

   _____ que trabajar.   (tener)

2. Generalmente, yo _____ _____ a las seis   (despertarse)

   y _____ _____ rápidamente.   (vestirse)

3. Ellos _____ un préstamo al banco para comprar el auto   (pedir)

   que _____ a ver en la agencia.   (volver)

4. Nosotros _____ _____ del tío Aurelio cuando sale   (despedirse)

   de viaje y yo siempre le _____ un abrazo.   (dar)

5. Los chicos _____ _____ en el parque y   (divertirse)

   _____ con todos los amigos.   (jugar)

6. Yo _____ con mucho cuidado cuando uso el   (conducir)

   auto de mi padre porque él lo _____ mucho.   (cuidar)

7. El profesor me _____ que yo no _____   (decir / oír)

   la explicación que él _____ en clase porque no presto   (dar)

   atención.

8. ¿_____ Ud. a la hermana de Luis? No la   (conocer)

   _____ pero yo _____ que es   (conocer / saber)

   muy inteligente.

9. ¿Quién _____ los nuevos productos de la compañía? Una   (distribuir)

   chica venezolana que _____ muy bien el negocio.   (entender)

10. _____ tantas personas en ese auto pequeño que yo no   (ir)

    _____ en él. Yo _____ a ir más   (caber / ir)

    tarde con Fernando.

V. **Lina y yo.** Complete las oraciones con el presente de indicativo de los verbos indicados a la derecha.

1. Lina y yo _____ muy buenas amigas. Ella y yo nunca   (ser)

   _____ la siesta porque _____ que   (dormir / tener)

   trabajar todos los días. _____ del trabajo a eso de las   (Salir)

   cuatro. Entonces _____ a este café donde nos   (venir)

   _____ con algunos compañeros.   (reunir)

   _____ unos refrescos, platicamos un rato,   (Pedir)

   _____ las últimas noticias, en fin, nos relajamos antes de   (oír) volver a casa. Esto lo _____ varias veces por semana.   (repetir)

No, no nos aburrimos, al contrario, siempre _____ .   (divertirse)

2. Mira, Lina, yo no _____ por qué te pones tan nerviosa   (saber)

cuando yo manejo. Yo _____ con mucho cuidado.   (conducir)

Además, _____ muy bien las calles de esta ciudad.   (conocer)

Lo que pasa es que tú no _____ entre un excelente   (distinguir)

chofer como yo y uno mediocre. Tú me _____ a mí   (atribuir)

todos los males y eso es injusto. Que (yo) _____ muy   (ir)

rápido, que si muy lento, que (yo) _____. Cálmate.   (distraerse)

¿_____ manejar (tú)? ¿_____   (Querer / Seguir)

nerviosa? ¿Que nos _____ un policía? ¡Pero sólo   (seguir)

voy a noventa millas por hora!

VI. ¿Qué hace Ud. normalmente en las circunstancias que se mencionan a continuación? Use en las respuestas las palabras que aparecen entre paréntesis.

MODELO: Necesita comprar leche. (ir / mercado)
Cuando (Si) necesito comprar leche, voy al mercado.

1. Le duele la cabeza. (tomar / aspirina)

_____

2. Su carro está descompuesto. (llevar / mecánico)

_____

3. Necesita dinero. (pedir / préstamo)

_____

4. Es el Año Nuevo. (dar / fiesta)

_____

5. Está muy cansada. (acostarse / dormir)

_____

6. Está muy gorda. (ponerse / dieta)

_____

7. Desea hacer ejercicio. (jugar / tenis)

_____

8. Es hora de comer. (servir / cena)

_____

9. Tiene que hacer un viaje. (hacer / maleta)

_____

10. Tiene mucha sed. (beber / refresco)

_____

Reflexivos

I. ¿Quiere saber lo que hago por la mañana? Complete las oraciones con el reflexivo correspondiente y el presente de indicativo de los verbos a la derecha y lo sabrá.

(Yo) _____ _____ a las seis y media y preparo   (despertarse)

enseguida el desayuno para toda la familia. Mis hijos y mi esposo _____

_____ más tarde y todos nosotros   (levantarse)

_____ _____ con fruta, tostadas, cereal y café.   (desayunarse)

Mi esposo _____ _____ muy rápidamente y sale para   (bañarse)

su oficina junto con los hijos que van para la escuela. Lavo los

platos y las tazas y después de _____   (vestirse)

_____ _____, _____ _____ (maquillarse / peinarse)

y salgo para la universidad.

II. Ahora escriba un párrafo, describiendo lo que Ud. hace todos los días. Use por lo menos ocho verbos reflexivos.

_____

_____

_____

_____

_____

_____

_____

_____

III. De la lista que se da a continuación, escoja el verbo correcto para completar cada oración del párrafo, haciendo los cambios que sean necesarios.

aburrirse   acordarse   alegrarse   arrepentirse   preocuparse

(Yo) _____ _____ de haberle comprado a mi hijo una
               1

motocicleta. Cada vez que él sale en ella mi esposa _____ _____
                                                                    2

muchísimo porque dice que son muy peligrosas. Como los jóvenes

_____ _____ pronto de las cosas, espero que a él se le pase pronto el
        3

entusiasmo de la moto y decida venderla. Yo _____ _____ que cuando
                                                              4

yo era adolescente cambiaba de gustos frecuentemente. El día que la moto salga de la

casa mi esposa _____ _____ mucho.
                        5

IV. En la peluquería. Complete el siguiente párrafo con la forma correcta del verbo que complete el sentido de la oración. Use verbos reflexivos donde sea necesario. Recuerde que algunos verbos van seguidos de una preposición.

ir/irse   poner/ponerse   cortar/cortarse   alegrar/alegrarse   lavar/lavarse
empeñar/empeñarse   sentir/sentirse   burlar/burlarse   resignar/resignarse
afeitarse

José _____ a la peluquería porque quiere _____ el

pelo. Generalmente él _____ la cabeza en casa porque prefiere usar un

champú especial. Además _____ un acondicionador. Esta vez el bar-

bero lo va a _____ también. José _____ un poco

perezoso hoy y _____ que don Lope, el barbero, lo pueda atender. Los otros peluqueros _____ José porque _____ que le

dejen el pelo un poco largo. El pobre no puede _____ que se está

quedando un poco calvo (*bald*).

V. Subraye las palabras correctas para completar las oraciones.

    1. Anita (parece / se parece) mucho a su madre.

    2. Edelmira (se parece / parece) una reina.

    3. Armando (se volvió / volvió) a casa tarde.

    4. ¿Quién los (casó / se casó) a Uds.?

    5. Tenemos que (abonarnos / abonar) los impuestos.

    6. Ella quiere (abonarse / abonar) a la ópera.

    7. La muchacha (levanta / se levanta) el mantel para limpiar la mesa.

    8. Luisa, (prueba / pruébate) la ensalada para ver si necesita más sal.

VI. Ud. conoce a una pareja que tiene una relación muy tumultuosa: a veces se llevan bien y a veces se odian. Escriba un párrafo describiendo la relación entre estas dos personas. Use verbos recíprocos como: **conocerse, quererse, odiarse, verse, comunicarse, escribirse, besarse, pelearse.**

_____

_____

_____

_____

_____

_____

_____

_____

_____

Verbos que expresan idea de cambio.

Complete las oraciones usando el presente de los verbos **ponerse, volverse, llegar a ser o quedarse**, de acuerdo con el sentido de la oración.

1. Rosita _____ roja cuando ve a su ex novio.

2. (nosotros) _____ tristes cuando nos despedimos de ellos.

3. Isabel _____ muy delgada cuando se enferma.

4. La pobre mujer _____ loca cuando le dan malas noticias.

5. El empleado _____ muy contento cuando le dan un aumento

   de sueldo.

6. Filiberto es muy pacífico, pero a veces de la noche a la mañana

   _____ una fiera.

7. (yo) _____ sin poder hablar cuando me dan una sorpresa.

8. Ud. _____ gordo porque está comiendo demasiadas papas fritas.

9. Marta _____ la responsable de las ventas de la compañía.

10. Sara _____ la dueña de la fábrica de productos electrónicos.

Interrogativos

I. Complete las preguntas con el interrogativo **qué, cuál, quién, cuánto** o **cuántos**, según sea necesario.

1. ¿_____ años hay en un siglo?

2. ¿_____ es la capital de Puerto Rico?

3. ¿_____ es Eusebio. Eusebio es electricista.

4. ¿_____ es la diferencia entre los dos hornos?

5. ¿De _____ es el reloj? ¿De oro?

6. ¿De _____ habla Antonio? ¿De Raquel?

7. ¿_____ fue la causa de la huelga?

8. ¿_____ cuesta ese refrigerador?

II. ¿Qué preguntas son necesarias para las siguientes respuestas? Use la forma de **Tú**.

MODELO: ¿Qué estación te gusta más? _____ Me gusta más la primavera.

1. _____ Pagué $25.00 por la blusa.

2. _____ Tengo tres hermanos.

3. _____ La cartera está sobre la mesa.

4. _____ Hoy es martes.

5. _____ Prefiero el color azul.

6. _____ El concierto estuvo muy bueno.

7. _____ Soy de Jalisco.

8. _____ El reloj es de plata.

III. Ud. quería saber más acerca de las compras de Antonio y le hizo varias preguntas. ¿Qué preguntas le hizo para que Antonio le diera las siguientes respuestas?

MODELO: ¿Qué compraste? _____ Compré una camisa.

1. _____ Me gustaba más la camisa azul.

2. _____ Pero compré la verde.

3. _____ Me costó cincuenta dólares.

4. _____ Es de pura seda.

5. _____ Tengo tres camisas de seda.

Repaso de acentuación

Varios estudiantes conversan sobre el arte surrealista. Subraye la palabra correcta que está entre paréntesis para completar la conversación.

1. —¿(Cómo / Como) es el arte surrealista?

2. —¿Es (cómo / como) otras formas de arte (qué / que) reflejan la realidad?

3. —Pero, ¿(qué / que) es la realidad? ¿(Cuáles / Cuales) son sus características?

4. —Los surrealistas se inspiran en el sueño (dónde / donde) se revelan las fantasías

   interiores del ser humano.

5. —Entre los españoles, (quiénes / quienes) más se identificaron con el movimiento surrealista fueron el pintor Salvador Dalí y el director de cine Luis Buñuel.

6. —¡(Qué / Que) imaginación tenían estos hombres! (Cuándo / Cuando) trabajaban, trataban de liberar de la subconciencia imágenes espontáneas.

7. —¿(Dónde / Donde) se inició este movimiento surrealista?

8. —Pues, (cómo / como) muchos otros, empezó (cómo / como) un movimiento literario en Francia.

Repaso de ortografía: c, s, z

I. Estudie la ortografía de las siguientes palabras, prestando atención al uso de la **c**, la **s** y la **z**.

diferencia	composición	conciencia
parecer	producir	despacio
apariencia	lección	oración
madrecita	vicio	conocimiento
democracia	vicepresidente	ejercicio
ocasión	canadiense	división
irlandés	posesión	sensación
pasivo	posible	país
estudioso	bosque	toser
dificilísimo	iglesia	ilusión
raíz	conozco	corazón
cruz	arroz	pureza
finalizar	feliz	izquierdo
utilizar	maíz	confianza
comienzo	vejez	Martínez

II. ¿Se escriben con **c**, **s**, o **z**?

noble____a	ignoran____ia	lápi____es	to____er
redu____ir	ausen____ia	Gonzále____	avari____ia
ve____es	servi____io	convul____ión	Tere____a
me____es	ofi____ial	pa____ión	explo____ión

niñe_____   dificilí____imo   comen____é   justi____ia

tradu____ir   actri_____   Pére_____   lapi____ito

III. Escoja la palabra que complete el sentido de la oración.

1. Me compré una máquina de (coser / cocer) porque quiero hacerme la ropa en casa.

2. (Siento / Ciento) mucho que no puedas venir a (cenar / senar) con nosotros.

3. (Haz / Has) lo que te digo de una (ves / vez).

4. Se habló de muchos temas en esa (cesión / sesión) del Congreso.

5. La madre (abrasó / abrazó) a los niños con mucha ternura.

6. Marta se quedó en (casa / caza) desde las nueve (hasta / asta) las once.

IV. ¿Es Ud. un buen redactor? Subraye la forma correcta.

1. conozco conosco
2. empiezan empiesan
3. raízes   raíces
4. produce produse
5. actrices actrizes

6. hiciste hisiste
7. traduzco tradusco
8. lucecita lucesita
9. grandesa grandeza
10. japonés japonez

Repaso de la lectura 1

I. Escoja la mejor respuesta para cada pregunta basada en la lectura "Diversidad versus unidad," páginas 57-59 del libro de texto.

1. Por qué se dice que Hispanoamérica es una gran patria?

   a. Por su tamaño.
   b. Por el desarrollo económico.
   c. Por tener la misma tradición los países que la forman.

2. ¿Qué cosas forman parte de la herencia española en Hispanoamérica?

   a. El mismo sistema monetario de España.
   b. Las plazas con la iglesia y el ayuntamiento.
   c. La diversidad de idiomas y dialectos.

3. ¿En qué países se nota más la influencia indígena?

   a. En Costa Rica, la Argentina y Chile.
   b. En México, el Perú y Guatemala.
   c. En Puerto Rico, Cuba y el Uruguay.

4. ¿Dónde es más aparente la fusión de lo español con lo indígena y lo africano?

   a. En la música y los bailes.
   b. En el sistema de leyes.
   c. En las iglesias y claustros de conventos.

5. ¿Por qué es difícil gobernar los pueblos de Hispanoamérica?

   a. Porque detestan la democracia.
   b. Porque les falta riqueza económica.
   c. Porque son rebeldes y tienen gran vitalidad.

II. Después de repasar el vocabulario de la lectura, llene los espacios en blanco con la forma correcta de una de las siguientes palabras o expresiones. Use el tiempo del verbo que sea necesario.

   ayuntamiento desarrollar ejército fuente heredar nivel de vida pobreza rezar

   1. El _____ está en la esquina de la plaza.

   2. El _____ ha subido últimamente en muchos países.

   3. Todavía hay mucha gente que vive en la _____.

   4. Las culturas indígenas y la africana fueron las principales _____

      de enriquecimiento.

   5. El _____ dio un golpe de estado y quitó al presidente.

   6. En la última década, algunos países _____ una economía fuerte.

Repaso de la lectura 2

I. Después de leer "El tango: baile universal", páginas 61-62 del libro de texto, indique si las siguientes explicaciones son falsas (F) o verdaderas (V).

   _____ 1. Los primeros inmigrantes que llegaron a la Argentina se componían

      principalmente de una masa de obreros.

   _____ 2. El tango empezó a bailarse entre los blancos en los salones de té.

   _____ 3. El tango hoy en día casi no se interpreta fuera de la Argentina.

   _____ 4. El tango incluye música, baile, canción y poesía.

   _____ 5. El instrumento musical que se distingue en la interpretación del tango es el

      bandoneón.

Nombre _____ Fecha _____ Clase _____

II. Después de repasar el vocabulario de la lectura, llene los espacios en blanco con la forma correcta de una de las siguientes palabras. Use el tiempo del verbo que sea necesario.

ambiente   atraer   detener   estreno   guiado   mudo   pareja   trama

1. ¿Por qué crees que el tango todavía _____ a mucha gente?

2. "Assassination Tango" es una película que se desarrolla en medio de una

   _____ policial.

3. Charlie Chaplin y Rodolfo Valentino fueron célebres en el cine

   _____.

4. Una vez que el tango había triunfado ya nadie lo podía _____.

5. Me parece muy elegante esa _____ que está bailando el tango.

Pretérito

I. Cambie las siguientes narraciones al pasado, usando el verbo en pretérito. Escriba el verbo en el espacio en blanco que aparece a la derecha de las oraciones.

1. El cartero que viene a mi casa me cuenta que   _____ _____

   se levanta muy temprano porque tiene que   _____ _____

   tomar el autobús para llegar al correo a las siete de la mañana.

   Cuando recoge y ordena las cartas las   _____ _____

   pone en el carro y empieza la ruta de reparto   _____ _____

   a las ocho. Camina todo el día por las calles y   _____

   termina muy cansado, con hambre y sed.   _____

2. Cuando llego a la oficina encuentro a mi   _____ _____

   secretaria muy disgustada. Me dice lo que   _____

   pasa y trato de ayudarla. No   _____ _____

   puede abrir su escritorio porque no trae la   _____ _____

   llave, pero yo busco otra y logro abrirlo.   _____ _____

   Después ella escribe las cartas que le doy y   _____ _____ prepara mi oficina para la reunión que tengo   _____ _____

con los directores de la compañía.

3. La película que Elena va a ver le gusta   _____ _____

   porque en ella no ponen escenas de violencia y   _____

   puede pasar un rato agradable. Ella lee en   _____ _____

   el periódico la reseña que hace el crítico de cine y _____ _____

   se entera del argumento romántico de la misma.   _____

II. Un día desastroso. Aurora nos contó que estuvo de mal humor anoche porque tuvo un día desastroso. ¿Qué verbos usó Aurora en su narración? Escriba la forma correcta de los verbos indicados a la derecha.

Ayer _____ (1) ____ un día desastroso. Yo ____2____ (ser) (salir)

de casa temprano para ir al banco y cuando ____3____ allí me   (llegar)

____4____ cuenta de que no llevaba mi libreta de banco. Al   (dar)

buscarla en el bolsillo se me ____5____ la billetera sin que me   (caer)

diera cuenta. ____6____ a casa, ____7____ (Volver) (recoger)

la libreta y me ____8____ de nuevo hacia el banco.   (dirigir)

____8____ por la autopista porque tenía prisa. De pronto   (Ir)

____9____ una sirena y ____10____ que me seguía (oír) (ver)

un policía. Éste me ____11____ y me   (detener)

____12____ la licencia de conducir. Lo primero que yo   (pedir)

____13____ fue buscarla en el bolsillo. ¡Qué horror! ¡Sin   (hacer)

billetera y sin licencia! Yo le ____14____ al buen señor mi   (explicar)

situación, pero no me ____15____. Sin compasión, me   (creer)

____16____ una multa doble: por exceso de velocidad y   (poner)

por conducir sin licencia.

¡Y ahora me preguntas por qué ____17____ de mal humor ayer!   (andar)

III. Ahora cuéntenos Ud. de un día desastroso que Ud. o algún conocido haya tenido recientemente. Siga el modelo de Aurora en el ejercicio II.

_____

_____

_____

_____

_____

_____

_____

_____

_____

IV. Su amiga quedó en conseguir las entradas para el concierto del grupo folklórico andino Los Kjarkas. ¿Qué preguntas le hizo Ud. para saber si...

...gastó mucho dinero.
¿Gastaste mucho dinero?

1. ...tuvo que hacer cola (*wait in line*).

_____

2. ...consiguió las entradas para el sábado o el domingo.

_____

3. ...pagó en efectivo o con tarjeta de crédito.

_____

4. ...averiguó la hora exacta.

_____

5. ...vio a algunos artistas.

_____

6. ...escogió buenos asientos.

_____

7. ...trajo los billetes o si deben recogerlos en la taquilla.

_____

8. ...fue a la taquilla del teatro o a un centro como _Ticketmaster_.

_____

V. Repase los verbos que sufren irregularidades en el pretérito. Después, conteste las preguntas usando la forma correcta del verbo en pretérito.

1. ¿Te divertiste en la fiesta el sábado pasado? ¿Qué sirvieron en la fiesta?

_____

2. ¿Almorzaste con Maribel el martes pasado? ¿Dónde?

_____

3. ¿Durmieron Uds. en el hotel que les sugerí? ¿Pidieron un cuarto con vista a la calle?

_____

4. ¿Cuándo hiciste las reservaciones para el viaje? ¿Llegaste a tiempo al aeropuerto?

_____

5. ¿Creíste lo que dijo el hermano de Elena? ¿Te reíste cuando supiste que era mentira?

_____

6. ¿Oíste las noticias del tiempo para mañana? ¿Qué dijo el meteorólogo?

_____

Imperfecto de indicativo

I. **Mi amigo Alfonso.** La vida de Alfonso ahora es muy diferente. Complete las oraciones para explicar cómo era antes la vida de Alfonso.

MODELO: Alfonso ahora tiene dinero, pero antes no lo **tenía**.

1. Alfonso ahora gasta mucho, pero antes _____ muy poco.

2. Ahora paga las cuenta, pero antes no las _____.

3. Él ahora escribe muchos cheques todos los meses, pero antes no los

   _____.

4. Él ahora vive en una casa linda, pero antes _____ en un apartamento.

5. Ahora va de viaje todos los veranos, pero antes no _____ de viaje.

6. Ahora está delgado, pero antes _____ gordo.

7. Ahora él es un muchacho muy popular, pero antes no lo _____.

8. Ahora él tiene muchos amigos, pero antes no los _____.

II. En el partido de béisbol. ¿Qué hacían las siguientes personas cuando usted llegó al partido de béisbol?

1. (aplaudir) El público _____ con entusiasmo.

2. (gritar) Los niños _____ de emoción.

3. (reñir) Un jugador _____ con el árbitro (*referee*).

4. (reírse) Dos señores _____ a carcajadas.

5. (beber) Un niño _____ un refresco.

6. (Haber) _____ tres personas fumando.

7. (hacer) Dos chicos _____ avionetas de papel.

8. (divertirse) Todo el mundo _____.

III. El calendario azteca. Complete el siguiente párrafo con el imperfecto de indicativo del verbo entre paréntesis para hacer una descripción del calendario azteca.

En el calendario azteca, el año (1. consistir) _____ en diecicho

meses. Cada mes (2. tener) _____ veinte días y

(3. representarse) _____ con símbolos. En este calendario

(4. haber) _____ cinco días de mala suerte. Los aztecas

(5. creer) _____ que estos días eran peligrosos. Ellos

(6. tratar) _____ de actuar con mucho cuidado. Siempre

(7. evitar) _____ irse lejos de sus casas.

Usos del pretérito y el imperfecto y las diferencias entre ellos

I. Un incendio. Escoja el verbo que le dé sentido a la oración y complete el párrafo usando el pretérito o el imperfecto de indicativo para describir lo que ocurrió anoche.

| arder | hacer | llegar | poder | despertar |
| asomar | correr | ver | estar | extenderse |

Yo (1.) _____ durmiendo la siesta cuando el olor a leña quemada

(*burning wood*) me (2.) _____. Me (3.) _____ a la

ventana y (4.) _____ que (5.) _____ un fuego en la

casa de la esquina. (6.) _____ mucho viento y las llamas

(7.) _____ a gran velocidad. (Yo) (8.) _____ a llamar

a los bomberos. Enseguida (9.) _____ la bomba de incendios (*fire engine*)

y los bomberos (10.) _____ apagar el fuego en menos de media hora.

II. Una tarde con mis amigos. Complete las oraciones con el pretérito o el imperfecto de indicativo de los verbos entre paréntesis para describir las actividades de unos amigos.

(1. Ser) _____ las tres de la tarde y el cielo

(2. estar) _____ cubierto de nubes oscuras. Nosotros

(3. querer) _____ ir a montar a caballo, pero como

(4. parecer) _____ que (5. ir) _____ a llover

(6. decidir) _____ quedarnos en casa. Entonces Miguel

(7. llamar) _____ a Jaime por teléfono y le

(8. preguntar) _____ si él (9. querer) _____ venir.

Jaime le (10. contestar) _____ que (11. estar) _____

estudiando , pero que en una hora (12. ir) _____ a terminar. Cuando

Jaime (13. llegar) _____ nosotros (14. tomar) _____

unas cervezas y (15. sentarse) _____ _____ a jugar a las carreras de

caballo en la computadora.

III. ¿Quién fue José Martí? Complete las oraciones con el pretérito o el imperfecto de indicativo de los verbos a la derecha.

José Martí (1. tener) _____ dos grandes pasiones en su vida: su fuerte

vocación literaria y su gran amor por su patria. (2. Nacer) _____ en

Cuba en 1853 y cuando (3. ser) _____ muy joven el gobierno español

lo (4. condenar) _____ a prisión por cuestiones políticas. Martí

(5. sentir) _____ muy profundamente la causa de la independencia de

Cuba que aún (6. estar) _____ bajo el dominio español, y cuando

(7. salir) _____ de la prisión, (8. irse) _____ _____ a

España donde (9. escribir) _____ artículos atacando el gobierno colo-

nial que (10. existir) _____ en Cuba en esa época. Su obra literaria

no (11. limitarse) _____ _____ sólo a discursos y artículos periodísti-

cos. En sus discursos y ensayos Martí (12. dejar) _____ todo su pen-

samiento filosófico y ético y en su poesía (13. expresar) _____ sus sen-

timientos más íntimos.

IV. A continuación leerá Ud. la canción popular puertorriqueña "Bajo un palmar". Subraye todos los verbos que están en pretérito e imperfecto. Después conteste las preguntas que siguen.

Yo tuve un sueño feliz
quise hacerlo una canción
y mi guitarra cogí;
puse todo el corazón;
concentré pensando en ti;
volaron las palomas del milagro
y escucha, dulce bien,
lo que escribí:

Érase una playa de mi tierra querida
a la orilla del mar;
era que allí estaba celebrándose una gira
debajo de un palmar;
era que estaba preciosa
con el color de rosa
de un traje sencillo y sin igual;

era que eras novia mía
y que yo te sentía
nerviosa entre mis brazos suspirar;
era que todo fue un sueño
pero logré mi empeño
porque te pude besar.
SUEÑO FELIZ, SUEÑO DE AMOR

1. ¿Por qué dice el compositor que "tuvo" un sueño y que "quiso" hacerlo una canción en vez de **tenía** y **quería**? ¿Cómo cambiaría el significado?

    _____

    _____

    _____

2. ¿Cómo interpreta Ud. la frase "volaron las palomas del milagro?"

    _____

    _____

    _____

3. Describa a la mujer que el compositor soñó.

    _____

    _____

    _____

4. ¿Por qué fue un sueño feliz?

    _____

    _____

    _____

5. ¿Por qué dice "te pude besar" en vez de **te podía besar**? Explique la diferencia entre el uso del pretérito y el imperfecto en esta frase.

    _____

    _____

    _____

Artículo definido

I. Complete las oraciones con el artículo definido **el**, **la**, **los**, **las** o el neutro **lo**, si es necesario. Use el símbolo **Ø** si no se necesita el artículo.

1. ¿Te gustaría ir a _____ China?

2. Las Olimpiadas de 1976 se celebraron en _____ Canadá.

3. _____ hambre que tengo me va a matar.

4. _____ raro del caso es que nadie avisó.

5. Mis padres hablan _____ inglés bastante bien.

6. Hicimos un recorrido por _____ México colonial.

7. El año que viene viajaremos por _____ Chile y

   _____ Argentina.

8. Para aprender _____ principal es _____ querer.

9. _____ malo es que no tengo suficiente dinero.

10. _____ libertad es necesaria para ser feliz.

11. ¿A cómo están _____ cerezas?

12. El cielo estaba sin _____ nubes.

13. No puedo creer _____ tarde que es.

14. _____ Sra. Rodríguez no pudo asistir a la boda.

II. Subraye la forma correcta que se da entre paréntesis.

1. Mi amigo Giovanni habla fluidamente (inglés, el inglés).

2. (Flores, Las flores) contentan pero no alimentan.

3. Nunca estamos en casa (los, en los) domingos.

4. ¿Fueron Uds. (al, a el) Castillo de Chapultepec?

5. Sírveme un poco (de, del) vino blanco que está sobre la mesa.

6. Aurora se lavó (la, su) cara con un jabón especial.

7. Hoy es (diez, el diez) de mayo.

8. Llegamos a casa (al, a el) mediodía.

III. En su carta a Julieta, Ana le escribe de su viaje a las montañas en invierno. Complete el párrafo con los artículos definidos (**el, la, los, las**) o las contracciones **al** o **del** donde-quiera que sea necesario. Si no necesita artículo, escriba el signo **Ø**.

Querida Julieta,

Tenemos _____ suerte de venir a este hermoso lugar que atrae tanto a
                 1

_____ gente que le gusta esquiar. _____ nieve que
         2   3

cae durante _____ invierno cubre toda _____
                      4   5

montaña y sus alrededores. _____ inmensidad de
                                       6

_____ blancura parece juntarse en _____
         7   8

horizonte con _____ azul _____ cielo
                       9   10

que está limpio, sin _____ nubes, espléndidamente hermoso a
                             11

_____ doce _____ día.
         12   13

IV. Mini-diálogos. Ahora haga lo mismo con las preguntas y respuestas que siguen.

1. —¿Qué dice _____ periódico?

   —Que _____ aguas _____ río que pasa por

   _____ ciudad están contaminadas.

2. —¿Dónde están _____ ruinas mayas de Palenque?

   —Están en México, y te recomiendo que las visites.

3. —¿Has bebido _____ pulque alguna vez?

   —No, pero sé que _____ pulque era _____ bebi-

   da de _____ dioses.

4. —¿De qué habló _____ profesor en clase hoy?

   —Habló _____ reinado de Maximiliano y Carlota en México.

   _____ Castillo de Chapultepec fue _____ pala-

   cio donde vivieron.

5. —Qué idioma hablan en _____ Brasil?

   —Hablan _____ portugués.

Artículo indefinido

I. ¿Quién es Gilberto? ¿Qué hacen él y su hermana? Complete el párrafo con los artículos indefinidos (**un, una, unos, unas**) dondequiera que sea necesario. Si no necesita artículo escriba el signo **Ø**.

Gilberto es _____ chico nicaragüense que hace muchos años vive en
        1

California. Él es _____ carpintero muy bueno. Su hermana es
                2

_____ enfermera y trabaja en _____ hospital de la
        3   4

ciudad donde viven. Ella siempre tiene _____ mil cosas que hacer y
                                        5

ahora dice que va a trabajar los domingos en _____ otro
                                              6

hospital, porque necesita ganar más dinero. Ella y su hermano mandan

_____ parte del dinero que ganan a la familia que está en Nicaragua.
        7

II. Ahora escriba un párrafo describiendo a un compañero suyo. Siga el ejemplo del ejercicio anterior.

_____

_____

_____

_____

_____

_____

III. Rosa y Luz van de compras. Complete el siguiente diálogo con los artículos indefinidos (**un, una, unos, unas**) dondequiera que sea necesario. Si no necesita artículo escriba el signo Ø.

Rosa: ¿Qué le compraste a tu hijo?

Luz: Le compré _____ una _____ bicicleta porque la que tiene es muy
                              1

        pequeña para él.

Rosa: ¿Qué dijo el chico cuando vio el regalo?

Luz: Exclamó lleno de alegría: "¡Qué _____ sorpresa me han dado!"
                                                  2

Rosa: ¿Dónde la compraste?

Luz: En _____ una _____ tienda de descuento.
                    3

Rosa: .   ¿Tienen muchas cosas en esa tienda?

Luz: Muchas. Yo compré allí _____ palos de golf.
                                            4

Rosa: ¿Había mucha gente en la tienda cuando fuiste?

Luz: Yo diría que había casi _____ mil personas.
                                            5

IV. Complete las oraciones traduciendo al español las palabras que están en inglés a la derecha.

1. Traje _____ unas _____ revistas de la biblioteca.   (*some*)

2. Eusebio tiene _____ otros _____ planes.   (*other*)

3. Fuimos a ver _____ otros _____ película.   (*another*)

4. Tenemos _____ una cien _____ problemas.   (*other*)

5. Enviamos _____ tal cosa _____ cartas.   (*about a hundred*)

6. ¿Quién dijo _____ tal cosa _____?   (*such a thing*)

7. ¡ _____ que mujer _____ !   (*what a woman*)

Verbos impersonales

I. Mi viaje a Cholula. Ud. le narra a un amigo el viaje que Ud. hizo a Cholula el verano pasado. Complete el párrafo con la forma correcta de los verbos que están entre paréntesis. Use los verbos en presente, pretérito o imperfecto según sea necesario.

Como (1. amanecer) _____ muy temprano en el verano esta mañana

salimos para Cholula cuando salía el sol. (2. Precisar) _____ salir tem-

prano porque (3. parecer) _____ que el tiempo iba a cambiar. Ayer

(4. diluviar) _____ toda la mañana y por la tarde

(5. estar) _____ tronando y relampagueando. No

(6. escampar) _____ hasta antes del anochecer.

(7. Parecer) _____ que íbamos a tener un ciclón. Sin embargo, hoy

(8. amanecer) _____ con sol brillante y hasta el momento no

(9. llover) _____. (10. Hacer) _____ muy buen tiempo.

Repaso de acentuación

¿Es Ud. un buen redactor? Los siguientes párrafos tienen errores de acentuación. Subraye las palabras que tienen errores y haga las correcciones, según el modelo. Preste atención a los verbos en pretérito e imperfecto.

sirvió	**regalé**

MODELO: María <u>sirvio</u> en la cena el vino que le <u>regale</u>.

1. La película que Elena fue a ver le gusto porque en ella no pusieron escenas de vio-

   lencia y pudó pasar un rato agradable. Ella leyo en el periódico la reseña que hizó

   el crítico de cine y se entero del argumento romántico de la misma.

2. Nosotros queriamos ir a casa de Ramón para celebrar su graduación. Cómo parecia

   que iba a llover decidimos tomar un taxi aunque su casa no queda lejos. El taxi vinó

   enseguida y Miguel, Marta y yo estabamos felices. Pero ocurrio un accidente rumbo

   a la casa de Ramón; otro auto chocó con nuestro taxi. Pasamos un mal rato, pero afortunadamente no fué nada serio. Llegámos un poco tarde, pero la fiesta estába muy animada y todos pudimos gozar de la buena comida, la música y el baile.

Repaso de ortografía: b, v

I. Estudie la ortografía de las siguientes palabras, prestando atención al uso de la **b** y la **v**.

sábado	responsabilidad	jabón
combate	habilidad	habitante
gobierno	tibio	hierba
billete	carbón	obscuro
probable	haber	rebelde
privado	clavel	nervioso
invertir	avispa	viento
avena	selva	polvo
mover	llover	revisión
convertir	vestido	conservar

II. ¿Se escriben con **b** o **v**?

ta____lero	ha____er	ob____iamente	mandí____ula
ser____imos	mo____imiento	go____ernante	bi____lioteca
____loque	di____ujos	prohi____ir	responsa____le
em____argo	a____urrido	fá____rica	ha____itación
descri____ir	le____antando	ner____ioso	i____a
ad____ertir	pri____ado	ja____ón	____estido
fie____re	ru____ia	in____ertir	

III. Escoja la palabra correcta y escríbala en el espacio.

1. (tuvo / tubo) Marta _____ que trabajar anoche por eso no fue al concierto.

2. (bello / vello) Algunas personas tienen mucho _____ en la cara y usan mucho maquillaje.

3. (a haber / a ver) ¿Va _____ una fiesta en casa de Carmen?

4. (tuvo / tubo) El _____ que pasa por debajo de la casa se ha roto.

5. (barón / varón) Elena dio a luz el sábado. Creo que fue un _____.

6. (votas / botas) Como está nevando, será necesario ponerme las

_____.

7. (bello / vello) La novia llevaba un vestido muy caro pero muy

_____.

8. (votar / botar) ¿Vas a _____ por ese candidato?

9. (votes / botes) Puso los _____ para la basura afuera.

10. (haber / a ver) Vamos _____, Pepe. ¿Dónde te duele?

Capítulo 3

Repaso de la lectura 1

I. Después de leer la lectura "Gabriela Brimmer," página 90-91 en el libro de texto, indique si las siguientes oraciones son falsas (**F**) o verdaderas (**V**).

1. _____ Gaby contrajo parálisis cerebral cuando tenía unos ocho años.

2. _____ Su madre, así como una de sus maestras, notaron la sensibilidad poética de la joven.

3. _____ Gaby aprendió a escribir con el dedo del pie derecho.

4. _____ Con la ayuda de su nana Florencia, Gaby logró escribir un libro que narra su vida.

5. _____ En su poesía se puede percibir el gran amor que Gaby siente por su tierra natal.

II. Después de repasar el vocabulario de la lectura llene los espacios en blanco con la forma correcta de una de las siguientes palabras o expresiones. Use el tiempo del verbo que sea necesario.

adelante   alentar   asistir   darse cuenta de   desapercibido   guión   redactar   vencer

1. La madre _____ de que su hija tenía gran sentido poético.

2. Cuando era niña, Elsita _____ a la misma escuela que su hermana.

3. Gabriela pudo _____ todas las dificultades que tuvo en su vida.

4. La historia hubiera pasado _____ si no la hubieran publicado en los periódicos.

5. El _____ fue hecho por un famoso director sueco.

6. Tuve que _____ la carta anunciando los nuevos productos.

7. Feliciano se propone salir _____ en todo lo que está haciendo.

8. El profesor de Eduardo lo _____ para que siga la carrera de ingeniería.

Repaso de la lectura 2

I. Después de leer la selección de *Mujeres de ojos grandes*, página 93 del libro de texto, indique si las siguientes oraciones son falsas (**F**) o verdaderas (**V**).

1. _____ La tía Eloísa se declaró atea al final de su vida.

2. _____ A ella le fue fácil encontrar un marido que pensara como ella.

3. _____ Los hijos que tuvieron crecieron sin religión.

4. _____ Una de las hijas buscó auxilio en la iglesia anglicana.

5. _____ Esta hija convenció a la madre de lo necesaria que podía ser la religión.

II. Después de repasar el vocabulario, llene los espacios en blanco con la forma correcta de una de las siguientes palabras o expresiones. Use el tiempo del verbo que sea necesario.

acariciar   ambos   amenazar   a pesar de   auxilio   dar con   entonar   escapulario   fe

1. _____ lo mucho que trató, la hija no pudo convencer a la madre de lo bella y necesaria que podía ser la fe.

2. A ella le encantaban los himnos que _____ en la iglesia.

3. Aunque sabíamos la dirección no pudimos _____ la iglesia.

4. La madre _____ a la niña y la besa antes de acostarla a dormir.

5. _____ se llevan muy bien; a los dos les gustan las mismas cosas.

6. Muchas personas consideran que la _____ es un

_____ en la vida.

Futuro

I. **Una huelga** (*strike*). Complete el siguiente diálogo usando el futuro de indicativo del verbo que está entre paréntesis.

Cliente: Me han dicho que (1. haber) _____ una huelga de pilotos la

semana que viene.

Agente: Así es, señor.

Cliente: ¿Entonces no (2. salir) _____ ningún vuelo?

Agente: Mire Ud. En este momento (yo) no (3. poder) _____ decirle

con seguridad. Lo siento.

Cliente: Le dejo mi teléfono. Si fuera tan amable de llamarme…

Agente: Por supuesto. Le (4. decir) _____ a mi secretaria que anote

su número y ella lo (5. llamar) _____ en cuanto sepamos algo

definitivo.

II. **La reunión del sindicato** (*union*). Complete las oraciones con el **futuro** de los verbos entre paréntesis para indicar lo que ocurrirá.

1. (ser) ¿A qué hora _____ la reunión del sindicato esta noche?

2. (haber) Probablemente _____ mucha gente allí.

3. (hablar) El presidente de la compañía les _____ a los empleados.

4. (exponer) Después la presidenta del sindicato _____ sus puntos de

vista.

5. (ir) Es seguro que los empleados no _____ a la huelga (*strike*).

III. El licenciado García se presentará ante un tribunal de la corte para defender a su cliente. Complete las oraciones con el futuro de los verbos entre paréntesis para describir lo que va a ocurrir.

1. (presentarse) Los testigos _____ _____ en la corte a eso de las diez.

2. (representar / defender) El señor García _____ al acusado y lo

_____ ante el demandante.

3. (declararse) Por supuesto, el acusado no _____ _____ culpable.

4. (seguir) El señor García _____ discutiendo el caso ante el jurado.

5. (obtener) Se _____ las citaciones necesarias antes del convenio de

la corte.

6. (dirigir) Después de presentar la evidencia, los abogados _____ la

palabra al jurado.

7. (hacer) Si se declara culpable al acusado, el señor García _____

una apelación a la Corte Suprema.

8. (tener) El juez _____ que firmar la petición.

IV. **El próximo viaje de Jaime a Lima.** En las siguientes preguntas se usa la construcción **ir a + infinitivo.** Conteste las preguntas con una respuesta original usando los verbos en futuro.

   MODELO: ¿Qué va a hacer Jaime? Jaime **hará** un viaje a Lima.

1. ¿A quién va a ver Jaime en Lima?

   _____

2. ¿Cuándo va a salir?

   _____

3. ¿Quién va a llevarlo al aeropuerto?

   _____

4. ¿Cuánto tiempo va a estar allá?

   _____

5. ¿Va a ir solo o con su amiga?

   _____

6. ¿Va a venir algún primo con él?

   _____

7. ¿Qué va a llevarles de regalo a los tíos?

_____

8. ¿Qué crees que va a traer Jaime de Lima?

_____

V. Cristina da los detalles de una boda. Conteste las preguntas que le hacen a Cristina usando la construcción **ir a + infinitivo**.

> MODELO: ¿Habrá mucha gente allí?
> Sí, por supuesto, **va a haber** mucha gente allí.

1. ¿A qué hora será la recepción?

_____

2. ¿Quién hará los vestidos de las damas (*bridesmaids*)?

_____

3. ¿Habrá un baile después de la ceremonia?

_____

4. ¿Quiénes serán los padrinos de la novia?

_____

5. ¿A quiénes verán Uds. en la boda?

_____

VI. Repase el uso del futuro para expresar **conjetura, probabilidad** o **duda**, en el presente o en el futuro. Después, cambie las siguientes oraciones usando el futuro para expresar probabilidad.

> MODELO: El pasaje probablemente cuesta $900.
> El pasaje costará $900.

1. Probablemente es mi suegra la que llama por teléfono.

_____

2. El niño probablemente tiene un resfriado.

_____

3. Maricela probablemente busca un trabajo en la ciudad.

_____

4. Los niños probablemente juegan a la pelota en el patio.

_____

VII. Repase la forma y el uso del condicional y después complete las respuestas, usando el verbo que está entre paréntesis.

> **MODELO:** ¿Qué te prometió Evelio. (llevar / Acapulco)
> Me prometió que me **llevaría** a Acapulco.

1. ¿Qué te dijo el sastre? (traje / estar listo / mañana)

_____

2. ¿Quieres ir a la tienda conmigo (yo / ir / pero / no tener tiempo)

_____

3. ¿Qué haría ella en mi lugar? (conseguir / trabajo / pagar / mejor)

_____

4. ¿A qué hora llegaría José Antonio anoche? (ser / once / cuando / llegar)

_____

5. ¿Qué les prometió a Uds. el profesor? (no dar / examen / esta semana)

_____

VIII. ¿Qué haría Ud. en las siguientes circunstancias? Use en sus respuestas el condicional del verbo entre paréntesis.

> **MODELO:** ¿Qué haría Ud. al ir a Madrid.
> Yo **visitaría** el Museo del Prado.

¿Qué haría Ud. ...

1. ...al sacarse la lotería?

_____

2. ...al recibir una A en esta clase?

_____

3. ...al recibir un cheque de diez mil dólares?

_____

4. ...al perder su pasaporte durante un viaje?

_____

5. ...para celebrar su cumpleaños?

_____

IX. Alfredo y sus amigos nos visitan el domingo. Cambie las oraciones al pasado, usando el verbo que está entre paréntesis. Preste atención a la secuencia de tiempos.

> **MODELO:**   Dicen que llegarán a las tres. (dijeron)
> <u>Dijeron que llegarían a las tres.</u>

1. Me aseguran que manejarán con cuidado. (aseguraron)

_____

2. Estoy seguro de que no sabrán encontrar la casa al no tener la dirección. (estaba seguro)

_____

3. Alfredo dice que pospondrán las otras visitas. (dijo)

_____

4. Cree que se quedarán unas cuantas horas. (creyó)

_____

X. **Una conferencia de prensa** (*press conference*). Complete las oraciones, usando el futuro o el condicional de los verbos entre paréntesis, según sea necesario.

1. (llamar) La presidente dice que _____ al llegar.

2. (venir) Su secretaria dijo que ella no _____.

3. (llegar) ¿A qué hora _____ esta mañana el embajador de Colombia?

4. (ser) Los senadores ya se reunieron. ¿Qué hora _____ cuando se

reunieron?

5. (haber) Yo sé que _____ mucha gente esta tarde en la conferencia

de prensa.

6. (ir / gustar) Yo _____ a oírla, pero tengo que estudiar. ¿Le

_____ a Ud. ir?

XI. Explique por qué probablemente ocurrieron las siguientes situaciones. Use el condicional para expresar **conjetura** o **probabilidad**.

    MODELO: Rosa no vino a clase hoy. **<u>Tendría que trabajar o estaría enferma.</u>**

1. Roberto no pagó la cuenta.

_____

2. Los chicos estaban contentísimos.

_____

3. Carlos no me contestó.

_____

4. Lolita no quiso hablarme.

_____

5. La orquesta tocó muy mal.

_____

Usos de *ser* y *estar*

I. Complete las oraciones con el tiempo presente de *ser* o *estar*.

    1. La oficina de telégrafos _____ muy lejos de aquí.

    2. Isabelita _____ la prima de Pepe.

    3. El almuerzo _____ a la una.

    4. Ella _____ muy cansada.

    5. Ellos _____ de vacaciones.

    6. Fernando siempre _____ de muy buen humor.

7. Nosotros nunca _____ de acuerdo. (*agree*)

8. Los chicos _____ jugando en el patio.

9. Tres por cuatro _____ doce.

10. Las paredes de mi casa _____ de adobe.

II. Complete las oraciones con el tiempo apropiado de **ser** o **estar**.

1. _____ evidente que Ud. no comprende nada.

2. Ellos siempre _____ muy ocupados cuando yo los llamaba.

3. Mi tía _____ una abogada famosa que siempre tiene muchos clientes.

4. El año pasado Alfredo _____ el presidente de los Rotarios.

5. _____ la una cuando llegamos anoche a casa.

6. Mi amigo René _____ de Bolivia y vive en Sucre.

7. Las sillas del patio _____ de aluminio, por eso no hay que limpiarlas

   a menudo.

8. Mi esposo _____ ahora en Panamá en viaje de negocios.

9. Ana y Rosalía _____ dos chicas muy inteligentes; actualmente

   ambas _____ estudiando derecho.

10. La boda _____ el mes que viene.

III. Roberto nos habla de su familia. Complete el párrafo con el presente de indicativo de **ser** o **estar**, según el sentido de la oración.

Mi familia _____ de Nicaragua pero ahora _____

                 1   2

viviendo en los Estados Unidos. Nosotros _____ cuatro hermanos, y

                                           3

yo _____ el mayor y el más estudioso. (yo) _____

       4   5

estudiando Filosofía y Letras en la Universidad de California en Los Ángeles. Tengo

un compañero de cuarto que no _____ muy buen estudiante. Él

                                        6

_____ alto y atlético y hace muchos deportes. A pesar de que
      7

(nosotros) _____ muy diferentes, él y yo _____ muy
                  8   9

buenos amigos, casi como hermanos.

IV. Combine la expresión de la columna B que se relacione con la oración de la columna A.

	A		**B**
_____ **1.**	La Sra. Pérez espera un bebé.	**a.**	Está de acuerdo.
_____ **2.**	No estudió para el examen.	**b.**	Está de viaje.
_____ **3.**	Yo digo que sí y ella también.	**c.**	Está de mal humor.
_____ **4.**	No quiere que la vean.	**d.**	Está de rodillas.
_____ **5.**	Todo el mundo usa vaqueros. (*jeans*)	**e.**	No está listo.
_____ **6.**	Tiene cara de enojado.	**f.**	Está en estado.
_____ **7.**	Está rezando.	**g.**	Están de moda.
_____ **8.**	Volvió a las ocho.	**h.**	Está de incógnito.
_____ **9.**	No le veo la cara.	**i.**	Está de regreso.
_____ **10.**	Fue a Europa.	**j.**	Está de espaldas.

V. Use cada expresión en una oración para indicar la diferencia de significado.

MODELO: Es lista. **Ana es muy lista; no puedo engañarla.**
Esta lista. **Son las ocho y todavía no está lista.**

1. Están verdes._____

   Son verdes. _____

2. Es barato. _____

   Está barato._____

3. Es rico. _____

   Está rico._____

4. Es muy alta. _____

Está muy alta. _____

5. Es muy aburrida. _____

Está muy aburrida. _____

6. Es alegre. _____

Está alegre. _____

El gerundio o participio presente

I. Al entrar en la biblioteca Ud. ve que todo el mundo está muy ocupado. ¿Qué están haciendo las siguientes personas? Escriba de nuevo las oraciones, cambiando los verbos subrayados a un tiempo progresivo.

> MODELO: Un chico habla en voz baja.
> Un chico está hablando en voz baja.

1. El bibliotecario arregla los libros en el estante.

_____

2. Una estudiante consulta el catálogo.

_____

3. Unos estudiantes leen unas revistas.

_____

4. Un señor usa la computadora.

_____

5. Una señora le pide información a la recepcionista.

_____

6. Dos estudiantes buscan unos periódicos.

_____

II. Traduzca las palabras que están en inglés y complete las oraciones.

1. (*Knowing*) _____ a mi esposo, sé que llegaremos tarde.

2. (*While being*) _____ en San Francisco, decidimos seguir a Oregón.

3. (*laughing*) Ellos volvieron _____.

4. (*waiting for*) Estuve media hora _____ el autobús.

5. (*Going out*) _____ temprano llegaremos antes de que sea de noche.

6. (*is eating*) La familia _____ en la terraza.

7. (*is distributing*) La compañía _____ un nuevo producto.

8. (*It was raining*) _____ mucho ayer.

9. (*kept on crying*) El niño _____ porque había perdido el dinero que le di.

10. (*continued talking*) Pablo _____ con el cajero del banco sobre un préstamo que piensa pedir.

III. Complete cada oración con una frase original empleando el gerundio.

MODELO: <u>**Empezando ahora mismo,**</u> terminarás enseguida.

1. _____, engordarás enseguida.

2. _____, vas a quedar ciega.

3. _____, ahorrarás más dinero.

4. _____, llegarás temprano.

5. _____, descansarás mejor.

IV. Cuando Ud. llegó a casa, nadie le hizo caso porque todos estaban ocupados. ¿Qué estaban haciendo? Use el progresivo para indicar lo que estaban haciendo las siguientes personas.

> MODELO: Mamá preparaba la cena.
> **Mamá estaba preparando la cena.**

1. Betito peleaba con el perro.

_____

2. Papá servía unos refrescos.

_____

3. Mi abuela leía su novela favorita.

_____

4. Ana María oía música en su *walkman*.

_____

5. Mi hermano mayor discutía con su novia.

_____

6. Mi hermano menor jugaba con el gato.

_____

Usos del infinitivo

I. Complete las oraciones, traduciendo al español las palabras que están en inglés.

1. (*for playing*) La raqueta es _para jugar_ al tenis.

2. (*After studying*) _después de jugar_ iré al cine.

3. (*Before paying*) _antes de jugar_ las cuentas iré al banco a depositar el cheque.

4. (*without saying goodbye*) Ellos se fueron _sin decir adios_.

5. (*Upon arriving*) _al llegar_ a casa noté que no tenía las llaves.

6. (*in going*) Ellos insisten _en ir_ a ver el desfile.

7. (*of crying*) El niño estaba a punto _de c_.

8. (*Laughing*) _Reir_ es saludable.

II. Complete las oraciones con **el infinitivo** o **el gerundio** de los verbos entre paréntesis, según la forma que sea necesaria.

1. (decir) Al _decir_ eso, se sorprendieron todos.

2. (querer) _querer_ es poder.

3. (viajar) _viajando_ se aprende mucho.

4. (tocar) Antes de _tocar_ el piano, canta una canción.

5. (pedir) No te vayas sin _pedir_ permiso.

6. (molestar) ¡Caramba! Este niño sigue _____.

7. (caminar) _Caminando_ por aquí, no te mojarás.

8. (ser) El _ser_ alumno tiene algunas ventajas.

Frases con *tener*

I. Complete las oraciones con una frase original usando una expresión con **tener**.

1. El niño se acostó porque _____.

2. Tú nunca te equivocas; siempre _____.

3. Nadie aceptó responsabilidad. Los dos dijeron que _____.

4. No maneja en la autopista de noche porque _____.

5. Tengo sed pero no quiero comer nada porque _____.

6. Hay tiburones (*sharks*) en el área. Cuando vayas a nadar en la playa es necesario

   _____.

7. Tú siempre ganas cuando juegas en Las Vegas; _____.

8. La recepción es a las siete; ¿dónde _____?

Verbos que se prestan a confusión I

Escoja el verbo que sea correcto y complete las oraciones. Use el tiempo del verbo que sea necesario.

1. (mudarse / moverse) Ellos _____ ayer a la casa que fabricaron.

2. (conocer / saber) Espero _____ a tu hermana cuando venga del Perú.

3. (caber / quedar) La almohada no _____ en esta funda.

4. (caber / quedar) María, te _____ muy bien esos pantalones azules.

5. (salvar / ahorrar) Es buena idea _____ dinero para una situación inesperada.

6. (quitar / sacar) Voy a _____ los cuchillos de la caja y ponerlos sobre la mesa.

7. (volver / devolver) Alberto _____ el suéter porque no le quedaba bien.

8. (el puesto / la posición) ¿Consiguió Enrique _____ en el banco?

Repaso de acentuación

¿Es Ud. un buen redactor? El siguiente párrafo tiene errores de acentuación. Subraye las palabras que tienen errores y haga las correcciones, según el modelo.

vendrán   **llamarían**

MODELO: Mis amigos <u>vendran</u> esta noche. Dijeron que <u>llamarian</u> antes de venir.

La familia López ira a Chicago a la boda de su hija Marta. Yo habia pensado que los

acompañaria pero sera imposible porque tengo que trabajar y sé que no me daran tiempo

libre. Mi hermano y yo les enviaremos los regalos a los novios. Estoy segura de que les

gustara mucho lo que les hemos comprado. Si yo no le hubiera dicho nada a mi hermano

él les habria regalado una plancha o algun articulo para la casa. Pero pensándolo bien

decidimos que seria mejor comprarles unas raquetas de tenis, ya que Marta y su novio

son muy aficionados al tenis y de seguro seguiran participando en algunos torneos.

Repaso de ortografía: que, qui, cue, cui

I. Estudie la ortografía de las siguientes palabras, prestando atención al uso de **que**, **qui**, **cue**, y **cui**.

toque	saquemos	practiqué
arqueólogo	pequeño	parque
quejarse	raqueta	aunque
querido	enriquecer	orquesta
secuencia	escuela	cuesta
frecuencia	cuentan	delincuente
acueducto	descuento	encuentro
quinto	equipaje	quinientos
taquilla	quisiera	arquitectura
simpatiquísimo	poquito	líquido
cuidado	circuito	descuidarse

II. ¿Se escriben con **que** o **cue**? Busque estas palabra en el diccionario si no las sabe y complete cada palabra con las letras correspondientes.

es____la	ar____ología	se____ncia
pe____ño	a____llos	____ja
____so	fre____ncia	or____sta
ra____ta	____rda	pa____te

III. ¿Se escriben con **qui** o **cui**? Busque estas palabras en el diccionario si no las sabe y complete cada palabra con las letras correspondientes.

ta____grafía	cir____to	____dadoso
es____ar	des____dado	____nientos
e____po	____tar	cos____llas
ta____lla	____nto	ri____simo

Repaso de la lectura

I. Escoja la mejor respuesta para cada pregunta basada en la lectura "México y el arte muralista," páginas 117-118 del libro de texto.

1. ¿Qué ocurrió en México durante el porfiriato?
   a. Todo lo europeo tuvo gran influencia en la vida mexicana.
   b. El pasado indígena disfrutó de gran popularidad.
   c. Las nuevas ideas educacionales tuvieron un gran éxito.

2. ¿Qué cambios ocurrieron en el arte a partir de 1920?
   a. El arte se identificó con lo social.
   b. Los artistas se interesaron en lo religioso.
   c. Se imitó el arte precolombino.

3. ¿Qué hizo el gobierno para hacer popular la Revolución?
   a. Creó una escuela de arte popular.
   b. Fundó museos en varias ciudades.
   c. Llamó a los artistas para pintar murales.

4. ¿Qué se puede apreciar en las pinturas de Diego Rivera?
   a. Su preocupación por las formas abstractas.
   b. Su deseo de presentar la historia de su patria.
   c. Su identificación con el arte del siglo XVI.

5. ¿Qué tienen en común Rivera, Siqueiros y Orozco?
   a. Pusieron su arte al servicio de la iglesia.
   b. Imitaron a los impresionistas franceses.
   c. Expresaron en su arte una gran libertad artística.

II. Después de repasar el vocabulario de la lectura, llene los espacios en blanco con la forma correcta de una de las siguientes palabras. Use el tiempo del verbo que sea necesario.

alcanzar campesino destacarse dictadura disfrutar fracasar iniciarse
levantamiento patria proporcionar realizar

1. El pasado histórico de México ha _____ muchos de los elementos que aparecen en su arte.

2. Durante la _____ de Porfirio Díaz el país _____ de una aparente paz, pero la represión política y social culminó en la explosión revolucionaria.

3. En uno de los murales Diego Rivera pintó el _____ de Emiliano Zapata, quien siempre defendió a los _____ mexicanos.

4. La Revolución produjo una renovación en el arte que _____ con un período de libertad artística.

5. Varios artistas _____ en esa época y llegaron a _____ fama. Diego Rivera _____ en sus pinturas la síntesis de la Revolución Mexicana.

Participios pasados

I. Pobre mamá. Complete las oraciones con el participio pasado, usado como adjetivo, de los verbos entre paréntesis para describir los problemas de mamá.

1. (desesperar) Mamá está _____ con tantos problemas.

2. (romper) La lavadora de platos está _____.

3. (cubrir) La cocina está _____ de grasa (*grease*).

4. (descomponer) El horno está _____.

5. (abrir) La ventana está _____ y no se puede cerrar.

6. (morir) La familia está _____ de hambre.

7. (resolver) Ya son las tres y los problemas no están _____.

8. (cansar) Pobre mamá. Está muy _____.

II. ¡Qué susto! Complete el párrafo con el participio pasado del verbo entre paréntesis para describir la experiencia de los señores López al volver a casa. Haga los cambios que sean necesarios.

Los señores López habían (1. volver) _____ a casa más temprano que

de costumbre después de haber (2. ver) _____ una película de terror.

Al entrar en la sala, vieron que faltaban algunas cosas y pensaron que alguien había

(3. entrar) _____ para robar. Naturalmente estaban muy

(4. asustar) _____. Vieron que unas lámparas estaban

(5. romper) _____ y que la luz estaba

(6. apagar) _____. Se asustaron porque también faltaba la cerámica

que Adela había (7. hacer) _____ en su clase de arte. Ella la había

(8. guardar) _____ en la mesita de noche. —¿Quién habrá

(9. estar) _____ aquí? —dijo el Sr. López. Entonces la Sra. López

pensó un poco. —¿Habrá (10. ser) _____ el gato el que hizo los

daños?

Tiempos perfectos del modo indicativo.

En el siguiente párrafo se habla de los programas de becas (*scholarships*) que existen en Venezuela. Complete el párrafo con el **presente perfecto** de los verbos indicados a la derecha.

El gobierno venezolano (1. dar) _____, en los últimos años, más de

cinco mil becas a muchos estudiantes que (2. ir) _____ a estudiar

fuera del país. Estas becas (3. ser) _____ creadas como parte de un

programa para aumentar la capacidad tecnológica de Venezuela. Muchos estudiantes

(4. venir) _____ a estudiar a los Estados Unidos y después

(5. regresar) _____ para trabajar en su patria.

II. La limpieza de casa. Cuando la Sra. Rubio llegó a su casa, tuvo una gran sorpresa. ¿Qué habían hecho sus hijos? Conteste las preguntas, según el modelo, empleando las palabras entre paréntesis con el verbo en el **pluscuamperfecto** de indicativo.

> MODELO: ¿Qué habían hecho los hijos?
> (ellos / limpiar la casa) **Habían limpiado la casa.**

1. (Tomás / pasar la aspiradora) _____

2. (Ana / pulir los muebles) (*polish the furniture*) _____

3. (Javier / lavar las ventanas) _____

4. (Los tres / encerar los pisos) (*wax the floors*) _____

5. (Tomás / barrer la terraza) _____

III. ¿Qué experiencias había tenido Ud. cuando vino a esta universidad? Escriba un párrafo, usando el pluscuamperfecto para describir sus experiencias. Empiece así:

Cuando yo llegué a esta universidad yo ya había... _____

_____

_____

_____

_____

_____

IV. Imagínese que Ud. va a casarse dentro de cinco años. ¿Qué cosas habrá hecho Ud. para entonces. Algunas sugerencias: terminar la carrera, viajar por el mundo, comprar un apartamento, conseguir un buen puesto, etc. . ¡Sea creativo! ¡Se permite soñar!

_____

_____

_____

_____

_____

V. Repase el uso del futuro perfecto para expresar **probabilidad**, **conjetura** o **duda**. Después, conteste las preguntas, según el modelo, usando las palabras que están entre paréntesis.

> MODELO: ¿Qué compraron ellos? (una motocicleta)
> **No sé (No estoy seguro), habrán comprado una motocicleta.**

1. ¿Qué aprendió Jesús? (a patinar)

   _____

2. ¿Qué hizo Arturo? (montar en bicicleta)

   _____

3. ¿Adónde fueron Salvador y Armando? (a nadar en el lago)

   _____

4. ¿Qué trajeron del lago? (las truchas que pescaron)

   _____

VI. Repase las oraciones condicionales con **si** para expresar una condición contraria a la realidad, en el pasado. En los siguientes ejemplos las dos acciones no se realizaron. Complete las oraciones, expresando la idea de que si la primera acción hubiera pasado, la segunda acción habría ocurrido.

> MODELO: No mandaste la solicitud, no obtuviste la beca.
> Si hubieras mandado la solicitud, **habrías obtenido la beca.**

1. No vino Leticia, no la vi.

   Si hubiera venido Leticia, _____

2. No obtuve el préstamo, no compré la casa.

   Si hubiera obtenido el préstamo, _____

3. No llegué a tiempo, no pude salir en el avión de las tres.

   Si hubiera llegado a tiempo, _____

4. No vinieron mis amigas, no salí con ellas.

   Si hubieran venido mis amigas, _____

VII. ¡Qué preocupación! Escriba en español los pensamientos de un estudiante que se preocupa porque no ha asistido a clase en una semana. Use el futuro perfecto o el condicional perfecto para expresar conjetura o probabilidad.

1. *I wonder if the test has been cancelled.*

   _____

2. *Would it have been better to call the instructor?*

   _____

3. *I wonder if she has already prepared the exam.*

   _____

4. *She must have included the section on verbs.*

   _____

5. *She has probably excluded me from the class.*

   _____

6. *She would have probably helped me, but I didn't call her.*

   _____

Uso del verbo haber

I. **Un programa en el Club Atlético.** Complete el párrafo con el verbo **haber** traduciendo al español las frases que están en inglés.

Inés está en un programa que (*there is*) _____ en el Club Atlético para

aprender a controlar los efectos malos que la tensión produce en las personas. Ella

pensó que no (*there would be*) _____ mucha gente interesada en ese

programa, pero cuando llegó allí (*there were*) _____ más de cincuenta

personas. El primer día (*there was*) _____ una sesión explicativa para

demostrar como cualquier tipo de ejercicio alteraba, en forma positiva, la química del

cerebro, reduciendo la tensión.

Construcciones pasivas

I. Se anunció un crimen. Complete las respuestas usando la voz pasiva, según el modelo.

> MODELO: ¿Dónde se cometió el crimen? (ciudad)
> **El crimen fue cometido** en la ciudad.

1. ¿Dónde se publicó la noticia del crimen? (periódico)

   _____

2. ¿Dónde se comentará el horrendo suceso? (todas las revistas)

   _____

3. ¿Cuándo se detuvo al criminal? (poco después)

   _____

4. ¿Se sentenció al criminal? (a cadena perpetua) (*life sentence*)

   _____

II. Imagínese que Ud. trabaja en el despacho de un abogado donde debe contestar las siguientes preguntas que le hacen otros empleados. Conteste las preguntas, usando la voz pasiva según los modelos.

> MODELOS: ¿Escribió Cervantes el *Quijote*?
> Sí, el *Quijote* fue escrito por Cervantes.
> ¿Ha pedido un recibo el cliente?
> Sí, el recibo ha sido pedido por el cliente.

1. ¿Ha logrado las metas la organización?

   _____

2. ¿Estableció el presidente ese reglamento?

   _____

3. ¿Distribuyó el cartero la correspondencia?

   _____

4. ¿Ya ha traducido la carta la secretaria?

   _____

5. ¿Es verdad que el policía maltrató al delincuente?

_____

6. ¿Ya firmó el recibo el dependiente?

_____

III. Un negocio de exportación. Transforme las oraciones usando una construcción pasiva con **se**.

> MODELO: Van a exportar la mercancía dentro de un mes.
> **Se exportará** la mercancía dentro de un mes.

1. Ofrecerán un nuevo contrato de venta.

_____

2. Van a aumentar los impuestos.

_____

3. Ya firmaron la ley de exportación.

_____

4. Ya anunciaron las nuevas tarifas.

_____

5. Exportarán nuevos productos al extranjero.

_____

IV. Complete las oraciones, traduciendo al español las palabras que están en inglés.

1. (_were built_) Las murallas de Ávila _____ por los romanos.

2. (_was made_) El palacio de la Alhambra _____ por los moros.

3. (_are painted_) Los cuadros _____ por Mercedes Pardo.

4. (_will be sung by_) La zarzuela _____ por un buen cantante.

V. Complete las oraciones, traduciendo al español las palabras que están en inglés. Observe la diferencia entre el grupo A y el grupo B

A.

1. Los estudiantes _____ en la clase. *(are seated)*

2. Vamos a comer. La cena _____. *(is served)*

3. El cuatro de julio todas las tiendas _____. *(are closed)*

4. La carta _____ en español. *(is written)*

B.

1. Las puertas _____ por el empleado. *(were opened)*

2. El paquete _____ por correo aéreo. *(was sent)*

3. Las maletas _____ por el inspector de aduanas. *(were searched)*

4. El alcalde _____ hace dos años. *(was elected)*

VI. Complete las oraciones con el verbo **ser** o **estar**. Use sólo el pretérito de **ser** o el imperfecto de **estar**.

1. Los estudiantes _____ preocupados por el examen.

2. La noticia _____ transmitida por cable.

3. No pude cobrar el cheque porque no _____ firmado.

4. El desayuno _____ servido antes de llegar el vuelo a Barcelona.

5. Las ruinas _____ descubiertas por un arqueólogo inglés.

6. Debido al huracán todas las carreteras _____ en malas condiciones.

7. Mi padre _____ operado por un cirujano famoso.

8. Los chicos _____ cansados después de la excursión.

Frases con *se*

I. Las cosas parecen tener vida propia. Cambie las oraciones a una construcción con **se** para expresar una acción involuntaria.

> MODELO: Roberto olvidó apuntar la dirección.
> A Roberto se le olvidó apuntar la dirección.

1. Elisa olvidó cerrar la puerta. _A Elisa se le olvidó cerrar la puerta_

2. El pelotero quebró el bate. _al pelotero se le quebró el bate_

3. Luisa perdió la billetera. _a Luisa se le perdio la billetera_

4. Rompí el documento. _se me rompió el documento_

5. Cerré los ojos un momento. _Se me cerraron los ojos un momento_

6. Descompusieron la máquina. _se les descompusieron la máquina_

7. Manchó la corbata al comer. _Se le manchó la corbata al comer_

8. Elsa dejó caer la bandeja *(tray)*. _a Elsa se le cayó la bandeja_

II. Complete las oraciones con los pronombres y el pretérito del verbo entre paréntesis para expresar una acción involuntaria o inesperada.

1. (olvidar) A mi esposo _se le olvida_ nuestro aniversario de bodas.

2. (parar) ¿(A ti) _se te paró_ el reloj, Rosita?

3. (romper) Cuando yo lavaba las copas _se me rompió_ dos de ellas.

4. (descomponer) A nosotros _se nos descompuso_ el carro en la autopista.

5. (escapar) Cuando los chicos jugaban con el perro éste _se les escapó_ .

6. (olvidar) Pedro salió de prisa y _se le olvidó_ los anteojos.

7. (caer) Al árbol _se le cayeron_ las hojas en el otoño.

8. (perder) A Alfredo _se le perdió_ la tarjeta de crédito.

III. Conteste las siguientes preguntas en forma original, usando una expresión con **se** para indicar una acción impersonal.

> MODELO: ¿Qué sirven en este restaurante?
> **Se sirven unas enchiladas riquísimas.**

1. ¿Qué requieren para obtener la licencia de conducir?

se nesesita tener 18 años

2. ¿Dónde venden artículos de plata?

se venden en tiendas de joyería

3. ¿A qué hora abren el mercado?

se abren a las nueve

4. ¿Qué dicen del nuevo gobierno?

Se dice que habrá cambio

5. ¿Siempre dan las noticias en inglés?

Se dan noticias en inglés de ves en cuando

IV. Traduzca las oraciones al español, usando una construcción con **se**.

1. *One eats well in this restaurant.*

se come muy bien en este restaurante

2. *They forgot the keys.*

se les olvidaron las llaves

3. *She dropped the bottle of wine.*

a ella se cayó la botella de agua

4. *The stores open at nine.*

las tiendas se abren a las nueve

5. *What do they say about the new dean?*

que se dicen del dean nuevo

6. *A delicious dinner was served in the patio.*

Se ~~les sirvieron~~ se sirvió una cena delicioso en el patio

Gustar y otros verbos similares

I. Complete las oraciones con el presente de indicativo del verbo entre paréntesis y el pronombre adecuado.

> MODELO: (alegrar) A Juanita **le alegra** oír a los mariachis.

1. (gustar) A Pedro _____ las películas extranjeras.

2. (doler) A mí _____ la espalda.

3. (quedar) A ella _____ $20 para terminar el mes.

4. (faltar) A ti _____ dos años para terminar los estudios.

5. (sorprender) A nosotros _____ que ella no haya llegado.

6. (enojar) Al padre _____ ver que su hijo no estudia.

7. (parecer) ¿Qué _____ (a ti) ese programa de televisión?

8. (alegrar) A mí _____ cantar en el coro.

9. (encantar) A nosotros _____ ir a los parques nacionales.

10. (cansar) A mi madre _____ limpiar la casa.

II. Conteste las siguientes preguntas en forma original, usando el verbo que está entre paréntesis, añadiendo el por qué de cada situación, según el modelo. Cuidado con los tiempos verbales.

> MODELO: ¿Qué opina Ud. del arte abstracto? (gustar)
> **No me gusta porque no lo entiendo.**

1. ¿Cómo se sentía Ud.? (doler la cabeza)

_____

2. ¿Cuánto dinero necesitas para pagar la matrícula? (faltar $100)

_____

3. ¿Qué piensas del programa de televisión que viste anoche? (parecer aburrido)

_____

4. ¿Cuándo les gustaba a Uds. ir al parque? (encantar los sábados)

_____

5. ¿Tienes los veinte dólares que ganaste? (quedar cinco)

_____

6. ¿Fue buena la película? (interesar mucho)

_____

7. ¿Qué te pareció la prima de Anibal? (caer muy bien)

_____

8. ¿Por qué se tomaron Uds. esa medicina? (hacer daño la leche)

_____

III. Un día en Disneylandia.   Complete el siguiente párrafo con el tiempo correcto (pretérito o imperfecto) de los verbos entre paréntesis y el pronombre correspondiente.

Los jóvenes decidieron ir a Disneylandia para celebrar el fin del año escolar.

Desafortunadamente Elisa no pudo ir porque (doler la cabeza) _____.
                                                                                    1
Su mejor amiga se quedó con ella en casa porque la idea de ir a un parque de

diversiones (parecer) _____ aburrida. A los otros chicos, sin
                                        2
embargo, (encantar) _____ la idea. Al llegar al parque se
                                      3
dieron cuenta de que el precio de la entrada había aumentado y no traían suficiente

dinero. (A ellos) (faltar) _____ por lo menos veinte dólares para
                                          4
completar. Un señor que estaba al lado se dio cuenta de su situación y les ofreció

un billete de cincuenta.   Según él, los chicos (caer bien) _____ (a él)

5

y (gustar) _____ la idea de que los chicos se divirtieran en un lugar

6

para familias. Después de agradecerle al señor los veinte dólares, los chicos trataron de

devolverle los treinta dólares que (quedar) _____ (a ellos), pero el

7

buen hombre les dijo que usaran el dinero para comprar refrescos. Los chicos

pensaron que el hombre era un Santa Claus en disfraz.

IV. Construya oraciones combinando elementos de las columnas A, B, C. Use los verbos
en pretérito.

A	B	C
A ellos	gustar	frutas y legumbres
A los profesores	encantar	el arte abstracto
A Elena	interesar	hacer ejercicio
A mi amigo	hacer daño	comer en restaurantes
A tus tíos	faltar	ir en un crucero
	quedar	los vecinos
	caer bien / mal	ruido de los autos
	disgustar	la película de anoche
		noventa dólares

_____

_____

_____

_____

_____

_____

_____

_____

_____

Palabras que se prestan a confusión II

Subraye la palabra correcta para completar el sentido de la oración.

1. La presidenta del club va a (presentar / introducir) al nuevo decano.

2. Juanito, por favor, no pongas (la televisión, el televisor) allí; hay muy poco espacio.

3. Es excelente la (calidad, cualidad) de la comida que se sirve en ese restaurante.

4. En la clase de inglés mi (nota, grado) fue "B".

5. Señorita, Ud. debe (solicitar, aplicar) cuanto antes, ya que reúne muy buenas (cualidades, calidades)

6. Recibió muy buen (trato, tratamiento) de todos sus compañeros.

7. Fui a la oficina de correos para (levantar, recoger) la carta certificada.

8. A Elisa la aceptaron en la universidad y tomó el examen de (entrada, ingreso) en
   el otoño.

Repaso de acentuación

I. ¿Es Ud. un buen redactor? En el siguiente párrafo faltan algunos acentos. Ponga el
   acento en las palabras que lo necesitan.

   Nos reimos mucho cuando leimos los chistes en la sección C del periodico. ¿Los has

   leido tú? He oido que van a cambiar algunas secciones y creo que es una pena pues las

   secciones están muy bien distribuidas. El año pasado habian excluido algunas partes

   porque creian que no le interesaban al público, pero tuvieron que integrarlas de nuevo.

   ¿Has oido tú algo al respecto?

Repaso de ortografía: h

I. Estudie la ortografía de las siguientes palabras, prestando atención al uso de la **h**.

habitación	historia	harina
hacienda	helado	almohada
hoja	ahora	ahogado

alcohol	herencia	hecha
hermoso	hondo	cohete
hueso	prohibido	inhumano
hijo	humilde	

II. Escoja la palabra correcta y escríbala en el espacio.

1. (hojeada/ ojeada) aunque de aquí no puedo ver muy bien, por lo menos puedo echar una _____.

2. (hola / ola) Casi nos ahogamos a causa de una _____ gigantesca.

3. (onda / honda) Héctor, pon el caldo en una vasija _____.

4. (ora / hora) ¿A qué hora _____ llegaron Uds.?

5. (honda / onda) Me gusta mucho tu peinado, especialmente esa _____ al lado

6. (echa / hecha) Mamá nos _____ mucho de menos.

7. (a / ha / ah) ¿Dónde van _____ trabajar?

8. (hecha / echa) ¡Qué bien _____ está tu blusa!

9. (hasta / asta) Estuvieron en mi casa _____ las diez de la noche.

10. (ha / a) Marta _____ puesto sus libros en la mochila.

III. ¿Llevan **h** las siguientes palabras? Escríbala donde sea necesaria. Si no está seguro busque las palabras en un diccionario.

____ijos	____istórico	pro____ibir	____uésped
____ayudar	____húmedo	____iba	____asta
____iperbólico	____habitual	a____ogar	to____alla
____alucinación	ex____ibir	____orno	____oler
____uesos	almo____ada	____arina	____astilla

Capítulo 5

Repaso de la lectura 1

I. Escoja la mejor respuesta para cada pregunta basada en la lectura "La América Central," páginas 146-148 del libro de texto.

1. ¿Por qué describe el autor a la América Central como un "eslabón?"
   a. Porque está en una zona de volcanes.
   b. Por su posición entre las dos Américas.
   c. Por las características comunes de los países.

2. ¿Cómo ha sido el desarrollo de los países de la América Central?
   a. Democrático.
   b. Continuo.
   c. Poco estable.

3. ¿Qué tiene Costa Rica diferente a las demás repúblicas centroamericanas?
   a. Una tradición democrática.
   b. Que la población es principalmente maya.
   c. Un gobierno dictatorial.

4. ¿Qué productos son los principales de exportación en la América Central?
   a. Patatas y trigo.
   b. Café y plátanos.
   c. Cedros y caobas.

5. ¿Qué idioma se habla en las repúblicas de Centroamérica.
   a. El español.
   b. El inglés.
   c. El maya.

II. Después de repasar el vocabulario de la lectura, llene los espacios en blanco con la forma correcta de una de las siguientes palabras o expresiones Use el tiempo del verbo que sea necesario.

> alzar la voz   bosque   condenar   crecimiento éxito   porcentaje   tamaño   sentido

1. El _____ ha sido muy inestable en las repúblicas centroamericanas.

2. Existe un _____ alto de indígenas en Guatemala.

3. Costa Rica ha tenido _____ en mantener una tradición democrática.

4. En los _____ de Honduras hay hermosas maderas.

5. Muchos escritores han _____ los males sociales y políticos que

   afectan a los países centroamericanos.

6. Miguel Ángel Asturias y Rigoberta Menchú han _____ en defensa

   de los indígenas.

Repaso de la lectura 2

I. Después de leer la lectura "El eclipse", páginas 150-151 del libro de texto, indique si las siguientes explicaciones son falsas (**F**) o verdaderas (**V**).

_____ 1. Fray Bartolomé pensó que no podría salir de la selva y se preparó a morir.

_____ 2. Fray Bartolomé no hablaba las lenguas nativas y no podía comunicarse con los

   indígenas.

_____ 3. Como el fraile era un hombre de gran conocimiento pensó que podría convencer

   a los indígenas para que no lo mataran.

_____ 4. Los indígenas le perdonaron la vida a Fray Bartolomé cuando éste les dijo que

   el sol se oscurecería si lo mataban.

_____ 5. Los astrónomos mayas ya sabían los eclipses que se producirían.

II. Después de repasar el vocabulario del cuento, llene los espacios en blanco con la forma correcta de una de las siguientes palabras. Use el tiempo del verbo que sea necesario.

aislado   conferir   desdén   disponerse   engañar   esperanza   intentar
oscurecer   prever   valerse

1. Fray Bartolomé se sintió _____ y perdió la _____

   de salvarse.

2. El fraile sabía que los indígenas _____ a sacrificarlo.

3. Fray Bartolomé decidió _____ de sus conocimientos y trató de

   _____ a los indígenas.

4. El fraile les dijo a los indígenas que él podía _____ el sol.

5. Los mayas habían _____ todos los eclipses que iban a ocurrir.

Repaso de la lectura 3

I. Después de leer el cuento "El nacimiento de la col", página _____ del libro de texto, indique si las siguientes explicaciones son falsas (**F**) o verdaderas (**V**).

1. _____ El demonio se acercó a la rosa para tentarla.

2. _____ La rosa sólo deseaba ser bella.

3. _____ La rosa se dirigió a Dios para hacerle una petición.

4. _____ Dios no complació a la rosa.

5. _____ La rosa fue transformada en col.

II. Después de repasar el vocabulario de la lectura, llene los espacios en blanco con la forma correcta de una de las siguientes palabras.

alba   bellota   col   caricia   frondoso   palidez   muchedumbre   paraíso   tentado

1. En el _____ Eva fue _____ por una serpiente.

2. La _____ de la brisa movía los _____ árboles.

3. Había una gran _____ visitando la exhibición de flores.

4. Se notaba la _____ de la rosa cuando le pidió a Dios que la hiciera útil.

5. Los chicos recogían las _____ que caían de los árboles.

Afirmativos y negativos

I. Elsa y su prima conversan sobre ropa. Complete el diálogo de las dos muchachas usando las formas correctas de **alguno** o **ninguno**.

Elsa: ¿Conoces (1.) _____ lugar donde vendan chaquetas de cuero?

Prima: Sí, conozco (2.) _____ casas que están en el centro. Yo creí

que tú habías comprado una cuando estuviste en la Argentina.

Elsa: No, no compré (3.) _____ chaqueta. Tampoco compré

(4.) _____ abrigo, lo cual fue una pena porque estaban muy

baratos.

II. Su amigo le hace algunas preguntas sobre la escritora española Ana María Matute. Contéstelas en forma negativa.

MODELO: ¿Has leído alguna novela de Ana María Matute?
<u>No, no he leído ninguna.</u>

1. ¿Tienes algo de esta escritora?

_____

2. ¿Crees que tengan algún libro sobre ella en la biblioteca?

_____

3. ¿Escribe ella también para el cine o para la televisión?

_____

4. ¿Narra ella en sus cuentos algunas impresiones de sus viajes?

_____

5. ¿Conoces a alguien que escriba mejores cuentos que ella?

_____

III. Usted trabaja de intérprete en un centro médico. Traduzca al español las siguientes respuestas que le da el paciente a la recepcionista.

1. *No, I don't have medical insurance.*

   _____

2. *I have never been in the hospital.*

   _____

3. *I don't know anything about my family's medical history.*

   _____

4. *I do know that no one in my family has had cancer.*

   _____

5. *My wife doesn't have insurance either.*

   _____

6. *She also needs to see the doctor. Now, more than ever.*

   _____

7. *Some times we go to the clinic.*

   _____

8. *No, we have no children.*

   _____

9. *Yes, I brought some of the references you asked for.*

   _____

10. *More than anything, I want to see the doctor today.*

    _____

IV. Paco dice que los programas de televisión son buenos. Ud. no está de acuerdo y lo contradice. Vuelva a escribir el siguiente párrafo cambiando las palabras subrayadas a la forma negativa para expresar las opiniones de Ud. *¡Cuidado!* Recuerde que será necesario hacer cambios de concordancia, así como de modo verbal. En algunos casos se requiere el subjuntivo.

Últimamente he visto <u>algunos</u> programas de televisión que son muy buenos. <u>Algunos</u>

son <u>o</u> educativos <u>o</u> divertidos. <u>Alguien</u> me había dicho que los domingos <u>siempre</u> había

<u>o</u> programas de variedad <u>o</u> programas especiales para familias. <u>También</u> hay telenovelas

que son muy interesantes.

_____

_____

_____

_____

_____

_____

Imperativo

I. Imagínese que Ud. trabaja en un hospital. Su supervisora le pide que prepare una lista de instrucciones para los clientes y le da los siguientes apuntes. Cambie los infinitivos a mandatos y prepare las instrucciones según el modelo. Use la forma de Ud.

    MODELO: llenar la planilla   <u>Llene la planilla.</u>

1. escribir en letra de molde

   _____

2. dar el nombre y dirección del seguro médico

   _____

3. incluir su domicilio y número de teléfono

   _____

4. no olvidarse de firmar la planilla

   _____

5. entregar la planilla a la recepcionista

_____

II. Ahora prepare un anuncio para todos los pacientes que vengan a la recepción. Use la forma de Uds.

1. verificar la fecha de su cita

_____

2. sentarse en el salón D

_____

3. no traer comida ni bebidas al salón D

_____

4. no usar el teléfono celular en el edificio

_____

5. esperar a que los llame la recepcionista

_____

6. pedir la próxima cita con dos semanas de anticipación

_____

III. Ud. quiere recordarle a su hermana Anita que haga ciertas tareas cuando llegue a casa. Siguiendo el modelo, escríbale unas cuantas líneas diciéndole que...

MODELO: ...saque la basura.
         Saca la basura.

1. ...le dé de comer al perro. _____

2. ...lleve la ropa a la tintorería. _____

3. ...vaya al banco. _____

4. ...le pague al jardinero. _____

5. ...ponga la mesa para la cena. _____

IV. Ahora recuérdele también que...

    1. ...no hable mucho por teléfono. _____

    2. ...no saque al perro. _____

    3. ...no ponga las plantas en el patio. _____

    4. ...no le abra la puerta a nadie. _____

    5. ...no use su computadora. _____

V. Transforme las siguientes oraciones según el modelo, para dar la forma de *Let's*.

    MODELO: Vamos a hacer los dibujos.
               <u>Hagamos los dibujos.</u>

    1. Vamos a sentarnos aquí. _____

    2. Vamos a dárselo hoy. _____

    3. Vamos a cerrar la puerta. _____

    4. Vamos a leer la comedia en clase. _____

    5. Vamos a poner los libros aquí. _____

Modo indicativo y modo subjuntivo.

Subraye la cláusula subordinada e indique a la derecha si el verbo está en indicativo (**I**) o en subjuntivo (**S**).

    1. Roberto insiste en que lo llame todos los días.   I   S

    2. Dice que viene con varios amigos.   I   S

    3. Nos avisó que llegaría a las cuatro.   I   S

    4. Le dice a Ernesto que traiga su maletín.   I   S

    5. Es importante que practiques todos los días.   I   S

Presente de subjuntivo: formas

I. Complete los párrafos con el presente de subjuntivo de los verbos indicados a la derecha.

1. Espero que no _____ hoy porque necesito que   (llover)

   mi hermana _____ para ir de compras con ella. Es   (venir)

   posible que ella me _____ a escoger el abrigo que   (ayudar)

   necesito para el viaje.

2. Alfredo, espero que _____ _____ para que   (mejorarse)

   _____ ir al baile de los abogados. Tal vez Ana   (poder)

   María, quien baila muy bien, _____ ser tu   (querer)

   compañera. Espero que _____ _____ en   (divertirse)

   esa fiesta, pues siempre tienen una buena orquesta y excelente comida.

3. Lamento que Alfredo no _____ italiano   (saber)

   pues la compañía donde él trabaja le pide que

   _____ _____ cargo de la oficina que tienen en   (hacerse)

   Miláno. Es necesario que él _____ un poco   (estudiar)

   esa lengua para que _____ tener éxito en ese   (poder)

   puesto. Como él habla español, es posible que la

   _____ pronto sin gran dificultad.   (aprender)

4. Espero que mi hermano _____ aceptado en el   (ser)

   Instituto Tecnológico de Massachusetts. Él quiere estudiar

   ingeniería, y desea que le _____ una beca o que le   (dar)

   _____ un préstamo (*loan*) para pagar la carrera.   (facilitar)

   Es posible que _____’_____ la ayuda que necesita.   (conseguir)

   Todas sus notas han sido siempre excelentes, y mi padre quiere

   que no _____ _____ y que   (preocuparse)

_____ _____ sólo a estudiar porque él tal   (dedicarse)

vez lo _____· ayudar con el costo de los estudios.   (poder)

5. Es necesario que yo _____ el carro al mecánico.   (llevar)

Necesito que él lo _____ y, al mismo tiempo,   (engrasar)

que _____ los frenos. Es posible que también él   (revisar)

_____ que cambiar algunas correas (_belts_) del motor y el   (tener)

filtro del aceite. Espero que no _____ mucho el   (costar)

arreglo (_repair_) porque mi carro está muy viejo y es posible que lo

_____ el año que viene.   (vender)

Usos del subjuntivo. Verbos que expresan duda, voluntad o emoción

I. Su amigo le da información acerca de sus estudios. Dé Ud. su reacción a la información, empezando la oración con la expresión que se da entre paréntesis.

> MODELO: Amiga: Espero ir a la Universidad de Arizona. (Me alegro)
> Ud.:   <u>Me alegro de que tú vayas a la Universidad de Arizona.</u>

1. Amigo: Deseo estudiar dibujo comercial. (Me alegro)

Ud.: _____

2. Amigo: Espero ser aceptado en una universidad buena. (No dudo)

Ud.: _____

3. Amigo: Quiero conseguir un apartamento cerca del campo de la universidad. (Dudo)

Ud.: _____

4. Amigo: Prefiero hacer los estudios lo más rápidamente posible. (Te aconsejo)

Ud.: _____

5. Amigo: Tengo que pagar el semestre por adelantado. (Lamento)

Ud.: _____

6. Amigo: Prefiero empezar las clases en el otoño. (Te recomiendo)

    Ud.: _____

7. Amigo: No puedo contar con la ayuda de mis padres. (Siento)

    Ud.: _____

8. Amigo: No conozco al rector de la universidad. (Te recomiendo)

    Ud.: _____

9. Amigo: Espero no perder clases y llegar siempre a tiempo. (Dudo)

    Ud.: _____

10. Amiga: Deseo vencer todas las dificultades y sacar muy buenas notas. (Espero)

    Ud.: _____

II. Pobre Pepe. Tuvo un pequeño accidente y ahora pide sus consejos. Déle algunos consejos siguiendo las sugerencias que están entre paréntesis y añadiendo otras.

Pepe: Me duele mucho la pierna.

Ud.:   (consultar / médico) Te sugiero que _____ y que

    _____

Pepe: Creo que me he roto la pierna.

Ud.:   (sacarse / radiografía) Te sugiero que _____ y que

    _____

Pepe: ¿Adónde crees que debo ir, al hospital o a la clínica?

Ud.:   (ir / hospital) Te aconsejo que _____ y que

    _____

Pepe: No tengo seguro médico.

Ud.:   (conseguir / buen seguro) Te aconsejo que _____

    y que _____

Pepe: ¿Qué me recomiendas?

Ud.:   (llamar / Dr. Pérez) te recomiendo que _____

    y que _____

III. ¿Cómo es la profesora Jiménez? Muy exigente, según se dice. Combine los elementos de la columna A con los de la columna B para formar oraciones completas que tengan sentido. Use el subjuntivo cuando sea necesario.

A		B
La profesora		nosotros
Exigir	que	masticar chicle
Insistir en		leer la novela en casa
Preferir		entregar la tarea a tiempo
Recomendar		no copiar el material del texto
Prohibir		practicar en el laboratorio
Permitir		traducir todas las palabras
Saber		sacar fotografías en clase
Decir		siempre escuchar las noticias

_____

_____

_____

_____

_____

_____

_____

_____

_____

_____

Frases y expresiones que requieren el subjuntivo

I. Roberto y Gerardo hablan acerca de los cambios con el nuevo gobierno. Imagínese que Ud. es Gerardo y conteste las preguntas en forma negativa.

> MODELO: Roberto: ¿Crees que estás equivocado?
> Gerardo: <u>No creo que esté equivocado.</u>

1. Roberto: ¿Es cierto que el país tiene muchas industrias?

Gerardo: _____

2. Roberto: ¿Es verdad que piensan hacer muchas reformas?

Gerardo: _____

3. Roberto: ¿Es cierto que hay muchas leyes nuevas?

Gerardo: _____

4. Roberto: ¿Es seguro que el gobierno creará muchos empleos?

Gerardo: _____

5. Roberto: ¿Es evidente que él es un buen gobernador?

Gerardo: _____

6. Roberto: ¿Crees que hay muchas oportunidades para los jóvenes?

Gerardo: _____

II. Ud. y sus amigos piensan ir al último juego de pelota de la serie mundial. Conteste las preguntas, comenzando con las frases que están entre paréntesis y continuando con una cláusula subordinada original. Note que no todas las frases requieren el uso del subjuntivo en la cláusula subordinada.

> **MODELO:** ¿Lloverá esta tarde? (Quiera Dios que)
> <u>Quiera Dios que no llueva porque queremos ir al juego de pelota.</u>

1. ¿A qué hora van a salir? (Ojalá que)

_____

2. ¿Llegarán a tiempo al estadio? (Es aconsejable que)

_____

3. ¿Va Pepe al juego de pelota? (Es seguro que)

_____

4. ¿Hará frío por la tarde? (Es probable que)

_____

5. ¿Debemos llevar llevar abrigos y bufandas (*scarves*)? (Creo que)

_____

Repaso de acentuación

Escriba los acentos que se han omitido en las siguientes oraciones.

1. Acuerdense de pasar por mi a las seis.

2. Levantate ahora, que ya es tarde.

3. Digales a los señores que entren.

4. Lealo en voz alta, por favor.

5. Tráigame el periodico.

6. Esperemosla aquí.

7. Vamonos.

8. Sientate.

Repaso de ortografía: g, j

I. Estudie la ortografía de las siguientes palabras, prestando atención al uso de la **g** y la **j**.

mujer	juez	sujeto
jefe	espejo	traduje
naranja	jugo	dijeron
objeto	jirafa	dirijo
tijeras	ejército	garaje
recoger	congelar	lógico
colegio	gente	escogieron
género	diligencia	urgente
gigante	gitano	tragedia
imagen	agencia	privilegio

II. ¿Se escriben con **g** o **j**? Si tiene dudas, busque las palabras en el diccionario.

exi____ente	ciru____ía	ur____ente
co____er	cole____io	su____eto
come____en	reco____er	esco____ido
re____ente	privile____io	ori____inal
via____ero	vir____en	ma____ia
a____ente	gara____e	aprendiza____e
inteli____ente	sacrileg____io	mensa____ero
espe____o	biolo____ía	tra____edia
li____eramente	____eografía	
ideolo____ía.	reli____íon	

III. ¿**g** o **j**? Repaso del pretérito de verbos terminados en -**ger**, -**gir**, -**cir**.

di____eron	produ____éramos	diri____í
esco____iendo	prote____imos	redu____eron
condu____eran	fin____iendo	eco____ieron
exi____iendo	exi____o	tradu____iste

Cuaderno de actividades

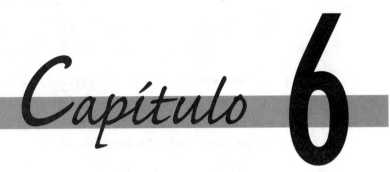

Repaso de la lectura

I. Escoja la mejor respuesta para cada pregunta basada en la lectura "Sor Juana Inés de la Cruz: voz feminista de Hispanoamérica", páginas 180-182 del libro de texto.

1. ¿Por qué se dice que Sor Juana Inés de la Cruz fue una voz feminista?
   a. Porque odiaba a los hombres.
   b. Porque repudiaba las injusticias de la época.
   c. Porque quería dedicarse a la enseñanza.

2. ¿Por qué quería Sor Juana que su madre la vistiera de hombre?
   a. Porque sólo los hombres podían estudiar en la universidad.
   b. Porque no quería hacer los quehaceres domésticos.
   c. Porque quería estudiar poesía, música y ciencias.

3. ¿Qué habilidad mostró Sor Juana Inés cuando fue a vivir a México?
   a. Los conocimientos de sicología que poseía.
   b. La rapidez con que leía los libros de su abuelo.
   c. La capacidad para defender sus ideas.

4. ¿Qué dos características sobresalen en la obra de Sor Juana Inés?
   a. La pasión y la razón.
   b. La fe y la lógica.
   c. La duda y la confusión.

5. ¿Qué dice Sor Juana Inés en la contestación al obispo de Puebla?
   a. Está de acuerdo con las ideas del obispo.
   b. Refuta la acusación que le hizo el obispo.
   c. Aprueba el sermón del cura jesuita.

II. Después de repasar el vocabulario de la lectura, llene los espacios en blanco con la forma correcta de una de las siguientes palabras. Use el tiempo del verbo que sea necesario.

aficion   acoger   asistir   azotar   crecer   culpar   cura   ejercer
magisterio   monja   pecado   regañar   quehacer   sobresalir

1. En una época en que las mujeres estaban relegadas a los _____ domésticos, Sor Juana Inés _____ siempre por su claridad para responder a las preguntas que le hacían en la corte.

2. Ella _____ rodeada de los libros de su abuelo y desde muy niña adquirió una gran _____ por la lectura.

3. Cuando Sor Juana discutió un sermón de un _____ jesuita, el obispo de Puebla la _____ y la criticó públicamente por su vanidad. En su contestación al obispo, Sor Juana rebatió la acusación de vanidosa que le hizo el obispo y además defendió el derecho de la mujer para _____ el _____.

4. Sor Juana _____ a los hombres de los _____ de las mujeres y dice que ellos son los que las llevan al mal.

5. Sor Juana hubiera querido _____ a la Universidad de México, pero en esa época sólo los hombres estudiaban en ella.

6. La poesía de Sor Juana fue muy bien _____ en México y en España. Su muerte ocurrió en 1695 cuando una epidemia _____ el convento de _____ donde ella vivía.

Conjunciones adverbiales que requieren el subjuntivo

I. Transforme las siguientes oraciones según el modelo para indicar lo que harán en el futuro. Use la expresión entre paréntesis y haga los cambios necesarios.

> **MODELO:** Le sirvo el desayuno a mi novia cuando ella llega. (serviré)
> <u>Le serviré el desayuno a mi novia cuando ella llegue.</u>

1. Salimos a pasear después de que Uds. acaben de comer para hacer ejercicio.

(Saldremos)

Saldremos a pasear después de que Uds. acaben de...

2. Caminamos por el Parque Central hasta que nos cansamos. (Vamos a caminar)

Vamos a caminar por el parque Central hasta que nos consemos

3. Voy al campo cuando puedo para montar a caballo. (Iré)

iré al campo cuando pueda ra montar a caballo

4. Voy a visitar el Jardín Botánico cuando tengo tiempo. (Visitaré)

Visitaré el ↓ cuando tenga tiempo

5. Repaso los nombres de las plantas en cuanto vuelvo a casa. (Pienso repasar)

pienso repasar los nobres de las plantas en cuanto vuelva a casa

II. Magdalena y Antonia conversan acerca de la sorpresa que han preparado para Pepe. Complete el diálogo con una frase original usando el verbo en presente de subjuntivo.

Magdalena: ¿Cuándo le darás la sorpresa?

Antonia: Tan pronto como hoy yo _____

Magdalena: ¿Qué debo decirle yo a Pepe?

Antonia: Con tal que no _____

Magdalena: ¿Quién sabe nuestro secreto?

Antonia: Tal vez Juan lo sepa _____

Magdalena: ¿Crees que se sorprenda mucho?

Antonia: Sí, a menos que no tenga razón de tener tanto miedo

Magdalena: Bueno, ¿y qué hacemos si descubre el secreto?

Antonia: Pues, aunque _lo descubre quiero que no hagamos nada_

III. Complete las siguientes oraciones con la forma correcta del verbo entre paréntesis. Use el presente de subjuntivo o el pretérito de indicativo, según sea necesario.

1. (ir) Voy a comprarle una bicicleta a mi hijo para que ___vaya___ al parque.

2. (entender) Por favor, lea despacio para que yo la ___entienda___.

3. (terminar) Le daré una propina al mesero tan pronto como ___termine___ de servir.

4. (llegar) Roberto siempre me llama cuando ___llegue llega___ del trabajo.

5. (pagar) Dice que no hará el trabajo a menos que tú le ___pagues___ más.

6. (costar) Compró un Lexus aunque le ___costó___ un ojo de la cara.

7. (saber) Estudiaremos hasta que ___sepamos___ bien la lección.

8. (encontrar) Elvira me avisó tan pronto como ___encontró___ sus llaves.

9. (oscurecer) Vámonos antes de que ___oscurezca___.

10. (empezar) ¿Qué hacemos en caso de que ___empiece___ a nevar?

El subjuntivo con antecedente indefinido o negativo

I. Pepe necesita ir de compras. Complete las oraciones según el modelo usando el verbo entre paréntesis en el presente de indicativo o subjuntivo según sea necesario.

1. (gustar) No hay nada en la tienda que le ___gusta___ a Pepe.

2. (ser) En este almacén sólo venden ropa que ___es___ demasiado cara.

3. (quedar / costar) Pepe quiere conseguir unos pantalones que le ___queden___ bien, pero que no ___cuesten cuesten___ mucho.

4. (tener / combinar) También quiere unas camisas que no ___tese tenga___ diseños pero que ___combinen___ bien con los pantalones.

5. (encontrar / buscar) Ojalá que él __encuentre__ la ropa que

__busca__ .

6. (ir / tiene) Cuando __vaya__ de compras la próxima vez, irá con él

su novia que __tiene__ buen gusto.

II. Una pareja joven busca un apartamento. El señor le escribe al agente de bienes raíces (*real estate*) el tipo de alojamiento (*lodging*) que buscan. Complete el siguiente párrafo con la forma correcta del infinitivo, en indicativo o subjuntivo, según sea necesario.

Estimado Sr. Ruiz:

Mi esposa y yo estuvimos viendo unos condominios que (1. ser) ~~es~~ __eran__

muy amplio y cómodos. Sin embargo, nosotros buscamos algo que

(2. estar) __esté__ cerca de mi trabajo. No hay nada que me

(3. interesar) ~~interesa~~ __interese__ tanto como el tener acceso al transporte público, ya

que tenemos sólo un auto que nosotros (4. compartir) __compartimos__. Me han

dicho que se está construyendo un edificio que (5. ir) ~~vaya~~ __va__ a estar en el

centro, cerca del metro. Este nos interesa aunque (6. tener) __tengamos__ que

esperar un tiempo. También sé que hay otro edificio al lado que nos

(7. convenir) __conviene__ por estar cerca. Si Ud. tiene información acerca de

estos edificios, le pido que nos (8. llamar) __llame__ cuando Ud.

(9. tener) __tenga__ la oportunidad. A menos que

(10. ser) __sea__ domingo, me puede llamar a partir de las ocho de la

mañana. Le agradezco de antemano.

Atentamente,

Javier Pérez

Otros casos que requieren el uso del subjuntivo

I. Conteste las preguntas según el modelo:

> **MODELOS:** ¿Es mala la comida en ese restaurante?
> <u>Por mala que sea</u>, tendré que comer allí.
> ¿Cómo piensan ir, a pie o en bicicleta?
> <u>Comoquiera que vayamos</u>, llegaremos cansados.

1. ¿Cuándo vas a llevar el carro al mecánico?

_____, no lo tendrá listo pronto.

2. ¿Quién te llevará al taller?

_____, tendrá que esperarme.

3. ¿Dónde comprarás la gasolina?

_____, estará muy cara.

4. ¿Será difícil la tarea?

_____, la haré bien.

5. ¿Dónde están tus amigos?

_____, no los podré visitar.

II. Hablando de música mexicana. ¿Indicativo o subjuntivo? Complete las oraciones con la forma correcta del indicativo o del subjuntivo de los verbos entre paréntesis, según sea necesario.

1. (saber) Conozco a alguien que _____ cantar boleros.

2. (saber) No hay nadie que _____ La Bamba mejor que tú.

3. (ser) Por pequeño que _____ un conjunto de mariachis siempre

habrá dos violines, una vihuela, un arpa y una jarana.

4. (venir) ¿Sabes que la palabra "mariachi" _____ de la palabra

francesa *mariage*?

5. (ser) No creo que el jarabe tapatío _____ la danza más popular

de México.

6. (ir) Dondequiera que tú _____ en el suroeste de los Estados

    Unidos, podrás escuchar música norteña.

7. (formar) Creo que la música norteña _____ parte de la

    música nacional.

8. (conseguir) Así que (tú) _____ el disco del Mariachi Vargas de

    Tecatitlán, préstamelo.

9. (incluir) Busco una colección que _____ las melodías del famoso

    compositor mexicano Agustín Lara.

10. (escuchar) Por mucho que yo _____ el rock americano, nunca me

    gustará.

11. (ser) Cuandoquiera que _____, llámame para prestarte mi colección.

12. (estar) Dondequiera que nosotros _____, vimos buenos progra-

    mas musicales.

Imperfecto de subjuntivo

I. Subraye la cláusula subordinada e indique si el verbo está en **indicativo (I)** o en
subjuntivo (S).

1. No era posible que cupieran todos.   I   S

2. Ya te dije que sirvieron la cena a las ocho.   I   S

3. Fue una pena que no pudiéramos ayudarte.   I   S

4. No me trajo el libro que le pedí.   I   S

5. Era cierto que habíamos encontrado el dinero.   I   S

II. ¿Cómo se portan algunos pasajeros? Su amiga trabaja de guía para una agencia de viajes y describe a algunos clientes usando la expresión *como si.*

> MODELO: señores / gastar dinero / ser ricos.
> Algunos señores gastan dinero como si fueran muy ricos.

1. señoras / vestirse / ir a un baile

2. jóvenes / dormir / estar aburridos

3. personas / comer / estar muertos de hambre

4. niños / correr y gritar / estar en sus casas

5. señores / quejarse / ser niños

6. muchachas / tratarme / yo ser su madre

7. personas / corregir al guía / ser expertos

III. Complete los párrafos con el imperfecto de subjuntivo de los verbos que están a la derecha.

1. Pedro quiso que ella _contara_ el cuento porque él   (contar)

   no se acordaba de todos los detalles (*details*). Nos reímos mucho y le

   pedimos a ella que _siguiera_ con su repertorio   (seguir)

   de chistes. Temí que se nos _hiciera_ tarde, ya que   (hacer)

   cuando nos reunimos el tiempo se va volando. Fue necesario

   que el dueño del café donde estábamos nos _dijera_   (decir)

   que iba a cerrar y que era necesario que nos _fuéramos_   (ir)

2. No esperaba que (tú) _te enojaras_ tanto   (enojarse)

   con tu sobrino. Él deseaba que yo le _prestara_   (prestar)

   mi carro, y como yo le dije que no, salió en el tuyo. Él temía

   que tú no le _dieras_ permiso para usarlo y por eso se fue   (dar)

   sin decirte nada.

3. El profesor me pidió que _escribiera_ un (escribir)

informe sobre el desarrollo económico de Guatemala. Le pedí

que me _concidiera_ tres semanas para hacerlo, pues (conceder)

era necesario que yo _hiciera_ ciertas investigaciones (hacer)

y _leyera_ algunos libros importantes sobre ese país. (leer)

IV. Conteste las preguntas, según el modelo, empleando en las respuestas las palabras entre paréntesis con el verbo en el presente o imperfecto de subjuntivo, según sea necesario.

> **MODELO:** ¿Qué quería Félix? (Félix / querer / tú / ir a la universidad)
> Félix quería que fueras a la universidad.

1. ¿Qué te aconsejaron ellos? (ellos / aconsejar / yo / tomar / esa clase)

_____

2. ¿Qué quería el empleado? (él / querer / ellos / traer / tarjetas de identidad)

_____

3. ¿Qué les propuso el decano? (él / proponer / nosotros / pagar / la matrícula)

_____

4. ¿Qué recomendó el rector? (él / recomendar / ella / conseguir / una beca)

_____

5. ¿Qué deseaba el profesor? (él / desear / nosotros / poder estudiar)

_____

6. ¿Qué te sugieren tus padres? (ellos / sugerir / yo / estudiar medicina)

_____

7. ¿Qué prefiere tu novio? (él / preferir / yo / escoger / una carrera más fácil)

_____

8. ¿Qué te pidieron en la universidad? (ellos / pedir / yo / llenar / la solicitud)

_____

9. ¿Qué les rogó el bibliotecario? (él / nos / rogar / devolver / libros)

    _____

10. ¿Qué te recomendó el consejero? (él / recomendar / yo / tomar / biología y química)

    _____

V. ¿Qué le sugeriste a Juan cuando te dijo...

    ...que pensaba hacer novillos? (*play hooky*) (no decírselo a nadie e irse pronto)
    <u>Que no se lo dijera a nadie y que se fuera pronto.</u>

1. ...que no le gustaba la comida francesa? (ir a Wendy's y comprar una hamburguesa)

    _____

2. ...que quería ser millonario? (casarse con una millonaria y hacerse político)

    _____

3. ...que pesaba doscientas libras? (hacer ejercicio y bajar de peso)

    _____

4. ...que no le gustaba el invierno? (irse de Nueva York y vivir en Arizona)

    _____

5. ...que quería ir al concierto? (conseguir las entradas e invitar a su novia)

    _____

6. ...le vendieron un producto defectuoso? (devolverlo y exigir su dinero)

    _____

7. ...deseaba unas vacaciones? (viajar a Cancún y divertirse en la playa)

    _____

8. ...iba a hacer una fiesta? (hacerla en casa y servir champaña)

    _____

Presente perfecto de subjuntivo

I. Su hermana le cuenta lo que le pasó ayer. ¿Cuál fue su reacción? Siga el modelo, usando el presente perfecto de subjuntivo para completar la conversación entre los dos.

> **MODELO:** Hermana: Se me perdió el reloj.
> Ud.: Qué pena que **se te haya perdido**.

1. Hermana: Llegué tarde al trabajo.

Ud.: Siento mucho que _____

2. Hermana: El jefe se enojó conmigo.

Ud.: Yo dudo que _____

3. Hermana: Pude terminar todo el dictado que me pidió el Sr. López.

Ud.: Me alegro de que _____

4. Hermana: Mi colega me ayudó con la traducción.

Ud.: Qué bueno que _____

5. Hermana: Escribí diez cartas.

Ud.: No creo que _____

6. Hermana: Después del trabajo fuimos a bailar.

Ud.: Es admirable que _____

7. Hermana: Nos divertimos mucho.

Ud.: Me alegro de que _____

8. Hermana: Llegué a casa temprano.

Ud.: No es cierto que _____

II. Convierta cada oración en un concepto y comente sobre él, de acuerdo con la sugerencia entre paréntesis. Use el presente perfecto de indicativo o de subjuntivo, según sea necesario, en la cláusula subordinada.

> MODELO: Pedro sacó muy buenas notas. (Dudan que) (Estoy seguro de que)
> <u>Dudan que Pedro haya sacado muy buenas notas.</u>
> <u>Estoy seguro de que Pedro ha sacado muy buenas notas.</u>

1. Luisa dejó el libro que necesitaba en la biblioteca. (Lamento que)

_____

2. Tú escribiste la composición para la clase de inglés.   (Espero que)

_____

3. Los estudiantes copiaron las notas que les dio el profesor. (Creo que)

_____

4. Rubén hizo las copias que le pedí. (Ojalá que)

_____

5. Ellos ya devolvieron la máquina de escribir. (Es verdad que)

_____

6. La secretaria puso todos los informes en el archivo. (Espero que)

_____

III. Complete las oraciones con el presente perfecto de subjuntivo de los verbos que están a la derecha.

1. Me alegro mucho de que nosotros _____ a la   (ir)

graduación de Marcela. Estaba tan feliz. Yo siento mucho que su abuela

no _____ asistir, pues Marcela es su nieta consentida   (poder)

(*pampered*). Ojalá que la chica _____   (conseguir)

la beca que pidió. Espero que no _____   (demorar)

en enviar sus documentos a la universidad.

2. Dudo mucho que ellos _____ este programa.   (ver)

   No creo que lo _____ por televisión antes.   (poner)

   Es admirable que los jóvenes de "Culture Clash" _____   (saber)

   hacer una sátira con tan buen sentido de humor. Ojalá que el

   público _____ e ltalento de los actores.   (apreciar)

Pluscuamperfecto de subjuntivo

I. Ud. asiste a una reunión en la Universidad de California en Los Ángeles, de los gradua-
    dos de comercio en el año 2001. Complete las oraciones, usando el pluscuamperfecto de
    subjuntivo del verbo entre paréntesis.

> **MODELO:**   (venir) Sentí que tú no <u>hubieras venido</u> a la reunión de los graduados de
> comercio.

1. (estar) Esperaban que tú _____ en la reunión.

2. (avisar) Luisa sintió que yo no le _____ a tiempo.

3. (ver) Lamenté que Uds. no _____ el video que pusieron.

4. (volver) Yo esperaba que Uds. _____ más temprano.

5. (quedarse) Él quería que nosotros _____ a la cena.

6. (ir) Francisco se alegró mucho de que Uds. _____ a la reunión.

II. Ud. asistió a una reunión de la compañía donde se dieron las siguientes noticias. ¿Cuál
    fue su reacción? Siga el modelo, usando el pluscuamperfecto de subjuntivo.

> **MODELOS:**   La producción aumentó el 50%.
> <u>Me alegré de que hubiera aumentado tanto.</u>
>
> Nuestros representantes no recibieron certificados de mérito.
> <u>Sentí que no los hubieran recibido.</u>

1. La compañía abrió una sucursal en Puerto Rico.

    _____

2. Varios agentes entrevistaron al jefe de personal.

    _____

3. La secretaria tradujo sólo uno de los folletos.

_____

4. La compañía no pudo proteger todas las inversiones.

_____

5. Los empleados protestaron contra el nuevo horario.

_____

Secuencia de tiempos

I. Complete las respuestas con la forma correcta del indicativo o del subjuntivo de los verbos indicados a la derecha, según sea necesario.

1. ¿Qué desea el periodista?

   Él desea que el Sr. Guzmán le _____ venir a verlo   (permitir)

   para una entrevista. Él quiere que Guzmán le _____   (dar)

   la información de la última reunión de las Naciones Unidas. Yo espero

   que Guzmán _____ a que el periodista le   (oponerse)

   _____ la entrevista y, aún más, a que la   (hacer)

   _____.   (publicar)

2. ¿Qué te ha recomendado el oculista?

   El oculista me ha recomendado _____ lentes de   (usar)

   contacto y que me _____ unas gotas en los ojos   (poner)

   todos los días. También me ha sugerido que cuando _____   (salir)

   al sol _____ anteojos oscuros.   (llevar)

3. ¿Quién pagó la cuenta en el restaurante?

   Arturo me pidió que yo la _____ porque a él se le   (pagar)

   olvidó la billetera en la casa. Espero que él no _____   (volver)

   a hacer lo mismo en el futuro, pues es la segunda vez que lo hace.

Lamento que Arturo _____ ese defecto, ya que es   (tener)

simpático e inteligente. Sé que anteayer le rogó a mi hermano para

que le _____ cien dólares prestados y dudo mucho que   dar)

se los _____.   (devolver)

4. ¿Quién ganó en las elecciones?

Yo esperaba que nuestro candidato _____. Quizás si   (ganar)

_____ más fondos no habría perdido.   Lamento que   (reunir)

_____ pues nuestra comunidad necesita líderes que   (perder)

_____ por los derechos de todos.   (luchar)

5. ¿Fuiste con Alberto?

Alberto me llamó porque quería que yo lo _____   (acompañar)

al concierto de anoche. Yo habría ido con él si _____   (poder)

pero fue una semana muy complicada para mí. Sentí mucho que él

no _____ a alguien que _____   (conseguir / ir)

con él. No creo que _____ muy divertido   (ser)

ir a un concierto solo. No creí que Alberto me

_____ otra vez, pero me equivoqué. Ya   (invitar)

me _____ para el concierto del mes que viene.   (llamar)

Cláusulas con *si*

I. ¿Qué habría hecho Ud. y cuál habría sido el resultado?

> **MODELO:** asistir a una universidad en el extranjero
> Si hubiera asistido a una universidad en el extranjero habría aprendido
> otro idioma.

1. conseguir otro empleo

Si hubiera conseguido otro empleo hubiera tenido que cerrar la tienda

2. seguido otra profesión

Si hubieramos segido otra profesión habríamos ganad mas dienero

3. viajar más

Si hubieran viajado más hubieran visto más del mundo.

4. practicar un deporte

si hubiera practicado un deporte

5. gastar menos dinero

Si hubieramos gastado menos dinero hubieramo

II. Complete cada oración con el verbo indicado. Escoja el tiempo y el modo necesarios para producir una secuencia lógica con el verbo en la otra cláusula.

> MODELO: venir
> a) Si _él viene_, me avisará.
> b) Si _él viniera_, me avisaría.
> c) Si _él hubiera venido_, me habría avisado.
> d) Si _él vino_, no me avisó.

1. hacer

a) Si ___hace___ buen tiempo, saldremos en el bote.

b Si ___hiciera___ buen tiempo, saldríamos en el bote. cond.

c) Si ___hubiera hacido___ buen tiempo, habríamos salido en el bote. con Perf

2. terminar

a) Iré si ___termino___ el trabajo.

b) Iría si ___terminara___ el trabajo.

c) Habría ido si ___hubiera terminado___ el trabajo.

3. pedir

a) Si ella le ___pide___ un favor, no se lo hará.

b) Si ella le ___pidiera___ un favor, no se lo haría.

c) Si ella le ___hubiera pedido___ un favor, no se lo habría hecho.

d) Si ella le ___pidió___ un favor, no se lo hizo.

4. buscar

   a) Si él __busca__ trabajo, lo encontrará.

   b Si él __buscara__ trabajo, lo encontraría.

   c) Si él __hubiera trabajado__ ~~buscado~~ trabajo, lo habría encontrado.

   d) Si él __buscó__ trabajo, no lo encontró.

III. Complete las oraciones con la forma correcta del indicativo o del subjuntivo de los verbos entre paréntesis.

1. (leer) Si ella __leyera__ el periódico, sabría lo que pasa en el mundo.

2. (dar) Si yo fuera el profesor, no ~~hubiera dado~~ __daría__ un examen.

3. (ayudar) Si ellos quisieran, yo los ~~hubiera~~ __ayudaría__

4. (prestar) Si me __prestas__ tu abrigo, te lo cuidaré mucho.

5. (poder) Si yo __pudiera__, iría a Suiza.

6. (venir) Si Juan __hubiera venido__, yo lo habría visto.

7. educar) Si ellos hubieran tenido hijos, los __habrían educado__ muy bien.

Repaso de acentuación

1. Maritza <u>llegara</u> a las once aunque le habían pedido que <u>llegara</u> a las diez.

2. Le piden al señor que <u>pague</u> la cuenta. —Ya la <u>pague</u> —dijo él.

3. El jefe esperaba que los empleados <u>trabajaran</u> el fin de semana.

4. Por favor, no <u>toque</u> los objetos de cristal.

5. <u>Compre</u> el texto que nos pidió el profesor. Ojalá Mario <u>compre</u> el suyo mañana.

6. <u>Busque</u> por todos lados pero no encontré la moneda. Será necesario que <u>busque</u>

   otra vez.

Repaso de ortografía: ll, y, -ío, -illo, -illa

I. Estudie la ortografía de las siguientes palabras

calle	anillo	amarillo	castillo	belleza
llega	galleta	brillante	tobillo	cosquillas
pollo	relleno	sombrilla	sillón	chiquillo
lluvia	sencillo	vainilla	collar	servilleta
maravilla	caballo	sello	cuello	
ayer	mayo	leyenda	coyote	influyó
raya (stripe)	ayudar	payaso	joya	trayendo
proyecto	desayunar	leyeron	cayendo	vayamos
inyección	ensayo	yegua	suyo	haya
arroyo	mayor	trayecto	huyeron	oyen
mía	garantía	sombrío	reía	entendía
veías	encendía	tranvía	oían	caías
astronomía	resfrío	sociología	míos	teníamos

II. ¿Se escriben con **ll** o **y**?

ca____ado	pa____aso	marti____o	ensa____o
o____endo	ca____e	paneci____o	____egua
____eno	caba____ero	re____eno	ga____eta
servi____eta	____oviendo	____eso	a____udando
hu____eron	ca____eron	tra____endo	____egar

III. ¿Se escriben con **-ío**, **-ía**, o **-illo**, **-illa**?

roc____	geometr____	traves____	cosqu____
vac____	past____	pas____	sociolog____
garant____	oj____	escrib____	amar____
sombr____	resfr____	marav____	encend____

Capítulo **7**

Repaso de la lectura 1

I. Escoja la mejor respuesta para cada pregunta basada en la lectura "Dos poetas chilenos: Mistral y Neruda," páginas 209-211 del libro de texto.

1. ¿Cuál de las siguientes afirmaciones es incorrecta en la vida de los dos poetas chilenos?
  a. Los dos recibieron el premio Nobel.
  b. Los dos murieron en Chile.
  c. Los dos cambiaron su nombre verdadero.

2. ¿Cómo fue la vida amorosa de Gabriela Mistral?
  a. Se casó varias veces.
  b. No conoció el amor.
  c. Tuvo un solo novio.

3. ¿Qué refleja la poesía de Gabriela Mistral?
  a. Su gran amor por los niños.
  b. Su ideología política.
  c. Su temperamento desapasionado.

4. ¿Cómo fue la vida de Neruda?
  a. Dedicada a la educación.
  b. Tuvo muchos cambios.
  c. Llena de tragedias.

5. ¿Cómo fue la poesía de Neruda?
  a. De carácter religioso.
  b. De forma muy tradicional.
  c. Llena de imágenes y símbolos.

II. Después de repasar el vocabulario de la lectura, escriba la forma correcta de una de las siguientes palabras o expresiones. Use el tiempo del verbo que sea necesario.

cambiar de nombre   combinar   dejar   distinto   entretenerse   escondido
éxito   el extranjero   niñez   nombramiento   puesto   proporcionar

1. Durante su _____ Gabriela Mistral _____

conversando con las flores, los árboles y los pájaros. El pueblo donde ella nació

estaba _____ en las montañas de los Andes.

2. Los dos poetas _____ y los dos ocuparon puestos diplomáticos en

_____.

3. Ambos poetas disfrutaron de _____ y fama y ambos

_____ su creación poética con los _____

diplomáticos, los cuales les _____ la oportunidad de viajar mucho.

Pronombres

Pronombres en función de complementos directos e indirectos

I. A Roberto le interesan mucho los deportes de su escuela y le hace a Ud. las siguientes preguntas. Usando un pronombre de complemento directo, conteste las preguntas en una forma original.

MODELO: ¿Quién presentó a los deportistas?
Los presentó el director de educación física.

1. ¿Quién recibió ayer el primer premio en gimnasia?

_____

2. ¿Dónde harán las competencias de natación (*swimming*) que se celebrarán en

el verano?

_____

3. ¿Quién ganó la pelea de boxeo?

_____

4. ¿Quién felicitó a los ganadores que tomaron parte en las olimpiadas?

_____

5. ¿Cuándo publicarán el anuncio de los próximos juegos olímpicos?

_____

II. La representante de la compañía informó sobre las actividades con motivo del nuevo producto. Subraye los complementos indirectos y complete las oraciones con el pronombre que corresponda.

1. La compañía _____ presentó un nuevo producto a los vendedores y

éstos _____ enseñaron la mercancía a los clientes.

2. El gerente de la oficina central _____ envió un informe al jefe de

ventas y _____ pidió que lo distribuyera en las diferentes sucursales.

3. Los compradores _____ mandaron los pedidos al distribuidor de la

compañía quien _____ enviará la mercancía a ellos.

III. Complete las oraciones con los pronombres que correspondan.

1. El profesor _____ llamó a Marta y a mí y _____

informó que _____ había enviado al decano nuestra solicitud

de becas.

2. El rector de la universidad _____ entregó los diplomas a los estu-

diantes y _____ dio la mano a todos ellos.

3. ¿Sabes la nota que _____ dio a ti el profesor en el examen final? A

mí _____ dio una B y a Mateo _____ dio una A.

IV. Subraye la forma correcta del complemento indirecto que está entre paréntesis.

1. La abuela se queja porque los nietos casi no (le, les) escriben.

2. No es bueno dar (les, le) tanto dinero a los niños.

3. ¡Qué barbaridad! El jefe no aprueba que (le, les) paguen más a los empleados.

4. Los estudiantes (le, les) ruegan a sus profesores que no les den exámenes.

5. Mamá todavía no (le, les) da los regalos a mi hermanita.

V. Su compañero(a) de cuarto no se siente muy bien y Ud. le ayudó con los quehaceres.

A. Diga lo que Ud. hizo.

> MODELO: poner el mantel a la mesa   <u>Le puse el mantel a la mesa.</u>

1. dar de comer al gato _____

2. pasar la aspiradora a la alfombra _____

3. poner agua a las plantas _____

4. quitar el polvo a los muebles _____

5. limpiar la jaula al perico _____

B. Ahora diga lo que él (ella) hizo por Ud.

> MODELO: lavar los platos   <u>Me lavó los platos.</u>

1. planchar los pantalones _____

2. limpiar el escritorio _____

3. arreglar una silla rota _____

4. barrer la terraza _____

5. sacar las sillas al patio _____

Uso de dos pronombres complementos en una misma oración

I. Complete las respuestas, usando los pronombres de complementos directos e indirectos que correspondan.

1. ¿Quién te ha hecho el cuento?

   Zoraida _____ _____ ha hecho.

2. ¿Donde le presentaron a Julia el joven con quien se casó?

   _____ _____ presentaron en la oficina donde ella trabaja.

3. ¿Quién les dio a los turistas el plano de la ciudad?

   El guía _____ _____ dio.

4. ¿Van a cambiarte el aparato que está defectuoso (*defective*)?

No sé si _____ _____ puedan cambiar.

5. ¿Les vas a comprar un automóvil a tus hijos?

Sí, _____ _____ voy a comprar cuando asistan a la universidad?

6. ¿Están envolviéndote (*wrapping*) el regalo?

Sí, _____ _____ están envolviendo.

7. ¿Le estás contestando la carta a Emilio?

Sí, al fin, _____ _____ estoy contestando.

8. ¿Piensas decirle la verdad a Alfredo?

Sí, creo que _____ _____ debo decir.

9. ¿Qué hago con los programas?

No _____ _____ des a los estudiantes hasta el día de la graduación.

10. ¿Me puedes planchar la camisa de mangas (*sleeves*) largas?

No _____ _____ puedo planchar ahora porque tengo que salir.

II. Imagínese que Ud. trabaja en una oficina de un contador público (*public accountant*). Un compañero de trabajo le hace las siguientes preguntas. Conteste sus preguntas afirmativamente sustituyendo los complementos directos e indirectos por pronombres. ¡Cuidado con los acentos!

> **MODELO:** ¿Vas a prestarle la máquina de escribir a Julián?
> **Sí, voy a prestársela.**

1. ¿Está Bernardo usando la calculadora?

_____

2. ¿Puedes darle los papeles al contador? (*accountant*)

_____

3. ¿Le vas a enviar un fax al Sr. Sánchez?

_____

4. ¿Les dieron a Uds. las planillas para los impuestos?

_____

5. ¿Tiene Pedro que firmar los cheques?

_____

III. Ahora conteste las siguientes preguntas sustituyendo los complementos directos e indirectos por pronombres. Observe la posición de los pronombres.

> MODELO: ¿A quién vas a llevarle los documentos? (al contador)
> **Se los voy a llevar al contador.**

1. ¿Vas a prestarle la calculadora a Edgardo? (Sí)

_____

2. ¿Cuándo piensa el Sr. Pérez enviarles la cuenta a sus clientes? (el próximo lunes)

_____

3. ¿A quiénes estaban Uds. dándoles los formularios? (a los clientes)

_____

4. ¿Puedes mandarle el cheque a la compañía esta semana? (Sí)

_____

5. ¿Es verdad que Rosaura está dictándole los números a Ricardo? (Sí)

_____

Pronombres reflexivos

I. Dé el mandato afirmativo y negativo, usando el verbo en la persona indicada.

> MODELO: vestirse (tú) **Vístete.** **No te vistas.**

1. sentarse (Uds.) _____ _____

2. lavarse (Ud.) _____ _____

3. ponerse (nosotros) _____ _____

4. irse (nosotros) _____ _____

5. levantarse (tú) _____ _____

II. Escriba el mandato según el modelo. ¡Cuidado con los acentos! Qué les dice Ud....

...si quiere que se levanten?   **Levántense.**

1. ...si quiere que se diviertan?   _____

2. ...si quiere que se vayan?   _____

3. ...si quiere que me apure?   _____

4. ...si no quiere que me ría?   _____

5. ...si no quiere que me despida?   _____

III. ¿Qué hacen las siguientes personas? Conteste las preguntas usando un pronombre en lugar del complemento subrayado.

MODELO: ¿Vas a lavarte las manos?
Sí, voy a lavármelas. (Sí, me las voy a lavar.) (No, ya me las lavé.)

1. ¿Está poniéndose el suéter Roberto?

_____

2. ¿Vas a ponerte las botas?

_____

3. ¿Quieren quitarse (Uds.) los calcetines?

_____

4. ¿Se probaron los guantes antes de comprarlos?

_____

5. ¿Debemos ponernos el abrigo?

_____

Pronombres usados después de preposición

I. Complete las oraciones con el pronombre adecuado.

MODELO: Antonio me invitó a salir. Antonio quiere salir **conmigo**.

1. Te doy el libro. El libro es para _____.

2. Ellos quieren acompañarnos. Ellos quieren ir con _____.

3. Julián es muy egoísta. Julián sólo piensa en _____ mismo.

4. Siempre estamos de acuerdo. Entre tú y _____ no hay discrepancias.

5. Alfredo no me olvida. Alfredo piensa en _____.

6. Rosa no cantó. Como _____, yo también preferí no cantar.

7. Yo vine en taxi. Todos vinieron en autobús menos _____.

8. Me respetan mucho, por eso siempre quieren venir con _____.

9. Yo escribí la carta y yo _____ la puse en el buzón.

10. Me senté detrás de Luisa. Como estaba detrás de _____ no pudimos hablar.

II. Complete las oraciones, traduciendo al español las palabras que están en inglés.

1. (*for us*) Esta cama es _____.

2. (*near me*) Ellos viven _____.

3. (*with you*, [fam.]) Creo que iré _____.

4. (*with her*) No quiero salir _____.

5. (*with him*) Alicia habló _____.

6. (*for them*) Traje el disco _____.

7. (*you* [fam.] *and me*) Entre _____ no hay secretos.

8. (*except me*) Todos tienen una gorra azul _____.

9. (*for himself*) Pedro trabaja _____.

10. (*without us*) Ellos no pueden ir _____.

Frases con hacer *Hace + tiempo + que*

I. Ud. acaba de llegar a Chile para visitar a su familia. Un amigo le hace varias preguntas. Conteste sus preguntas, usando una construcción con el verbo **hacer** y las frases entre paréntesis.

> **MODELO:** ¿Cuánto tiempo hace que terminaste tu carrera? (dos años)
> **Hace dos años que terminé mi carrera.**

1. ¿Cuántos días hace que llegaste a Chile? (cinco días)

_____

2. ¿Cuánto tiempo hacía que no venías a Santiago? (tres años)

_____

3. ¿Cuánto tiempo hacía que no veías a tu familia? (un año)

_____

4. ¿Cuánto tiempo hace que tu familia vive en Santiago? (quince años)

_____

5. ¿ Hace mucho tiempo que tu familia no viene a visitarte a ti? (un año)

_____

II. Ud. contestó las preguntas que le hizo su amigo. ¿Cuáles fueron sus preguntas?

> **MODELO:** ¿Cuántos años hace (o Cuánto tiempo hace) que estudias español?
> Hace tres años que estudio español.

1. _____

Hace media hora que estoy esperando el autobús.

2. _____

Hace dos días que llegué de Valaparaíso.

3. _____

Hacía cinco meses que no íbamos al cine.

4. _____

Hacía tres años que ellos vivían en Lima cuando compraron la casa.

Repaso de acentuación

I. Escriba los acentos que se han omitido en las siguientes palabras que añaden pronombres.

1. Esta vistiendose.

2. Esperemoslos.

3. Seguia escribiendome.

4. Escuchenla.

5. Acuerdense.

6. Pensaba enviartelo.

7. Desea recomendarnoslo

8. Traigamelas.

9. Digale.

10. Estaban preparandose.

11. Queria repetirmela.

12. Levantate.

13. Estan poniendoselas.

14. Continue leyendomela.

II. Escriba los acentos que se han omitido en algunos de los pronombres subrayados.

1. Este regalo es para ti.

2. Alfredo no me olvida; piensa en mi constantemente.

3. ¡Qué hombre tan egoísta! Sólo piensa en si mismo.

4. Te presto mi bolígrafo.

5. Tu hermana no trabaja para ti, sino para mi.

6. Todos llevan una gorra azul, menos tu.

7. Alicia habló con el.

8. Ellos se comunicaron con mi abogado y con el de el.

Repaso de ortografía: gue, gui, güe, güi

I. Estudie la ortografía de las siguientes palabras.

averigüé	cigüeña (*stork*)
vergüenza	pingüino
bilingüe	agüita
argüir	antigüedad

seguir	guía
guerra	distinguir
guitarrista	maguey
pague	consiguen
lleguemos	guindo

II. Póngale diéresis a las palabras que lo necesiten.

malagueña	guerrillero
averiguar	jugueton
aguita	pague
ceguera	aguacate
verguenza	guillotina
bilingue	seguir
arguir	cigueña
guitarrista	

III. ¿**ge** o **gue**?   ¿**gi** o **gui**?

1. Ellos no están si____endo el modelo.

2. ¡Qué duermas con los an____litos!

3. Es muy posible que el médico no lle____ a tiempo.

4. ¿Cuándo empezó la ____rra en Vietnam?

5. Roberto consi____ó el puesto que solicitó.

6. El final de esa novela fue muy trá____co.

7. La policía persi____ó al criminal.

8. Estuvimos en la a____ncia de viajes ayer.

9. Es necesario que (nosotros) re____mos el jardín esta tarde.

10. Esa obra de teatro es muy ori____nal.

Cuaderno de actividades

Capítulo 8

Repaso de la lectura 1

I. Escoja la mejor respuesta para cada pregunta basada en la lectura "Inmigraciones hispanas en los Estados Unidos", páginas 233-236 del libro de texto.

1. ¿Qué motivó el que miles de mexicanos vinieran después de la Segunda Guerra Mundial a los Estados Unidos?
   a. El deseo de crear fuera del país industrias mexicanas.
   b. Las oportunidades de trabajo que había debido a la escasez de obreros.
   c. La persecución de una dictadura en su país.

2. ¿Qué hizo Junípero Serra?
   a. Creó centros de trabajo.
   b. Fundó la ciudad de San Agustín.
   c. Fundó misiones.

3. ¿En qué campo se destaca Sandra Cisneros?
   a. En la literatura.
   b. En la pintura.
   c. En la filosofía.

4. ¿Por qué vinieron los puertorriqueños a los Estados Unidos a partir de los años cuarenta?
   a. Porque buscaban refugio político.
   b. Porque había muchas oportunidades de trabajo.
   c. Porque querían estudiar en las universidades americanas.

5. ¿Qué ha ocurrido en Miami con la inmigración cubana?
   a. Se ha producido un desarrollo económico grande.
   b. Muchas industrias se han combinado con otras.
   c. Ha aumentado el negocio de hoteles para turismo.

II. Después de repasar el vocabulario de la lectura, llene los espacios en blanco con una de las siguientes palabras o expresiones. Use el tiempo del verbo que sea necesario.

ciudadanía   ejército   en   esa   época   escasez   fortalecer   negocios   puestos

1. Las misiones de California, fundadas por un fraile español, son muestras del pasado hispano de los Estados Unidos. Las inmigraciones que vinieron de México, Puerto Rico y Cuba _____ a este pasado hispano.

2. Después de la Segunda Guerra Mundial había gran _____ de trabajadores en los Estados Unidos. _____ vinieron muchos mexicanos y puertorriqueños.

3. Puerto Rico es un Estado Libre Asociado. Los habitantes de la isla tienen la _____ norteamericana y sirven en el _____ de los Estados Unidos.

4. En los últimos años muchos chicanos han ido ocupando _____ en el gobierno y en las universidades y escuelas.

5. Miami es un centro bancario importante para las conexiones de _____ entre el Caribe y la América del Sur.

Repaso de la lectura 2

I. Después de leer "Recuerdo íntimo," página 238-239 del libro de texto, escoja la mejor respuesta para cada pregunta basada en la lectura.

1. ¿Quién es Finnigan?
   a) Un gato.
   b) Su hijo.
   c) Un perro.

2. ¿Qué recuerdos le trae la lluvia a la autora?
   a) Un día de invierno.
   b) Un gato que tuvo.
   c) Un episodio del pasado.

3. ¿Quiénes se metieron en la tina?
   a) La autora y Finnigan.
   b) La autora, el gato y el niño.
   c) La autora, el niño y un perro.

Repaso de la lectura 3

I. Escoja la mejor respuesta para cada pregunta basada en la lectura "La mejor tinta", página _____ del libro de texto.

1. ¿Dónde estaba el poeta?
   a) En una celda de castigo.
   b) En un jardín.
   c) En una escuela.

2. ¿Con qué escribió los versos?
   a) Con pintura.
   b) Con tinta.
   c) Con sangre.

3. ¿Qué le quitaron al poeta?
   a) La sonrisa.
   b) La rebeldía.
   c) Casi todo.

Adjetivos y pronombres posesivos

I. Conteste las preguntas, usando en las respuestas un adjetivo posesivo.

> **MODELO:** ¿Cómo es el gato de Uds.?
> <u>Nuestro</u> gato es negro.

1. ¿Qué estudia el amigo de Elisa?

_____ amigo estudia economía.

2. ¿Dónde viven los tíos de Luis y Manola?

_____ tíos viven en Mallorca.

3. ¿Cómo está tu situación económica?

_____ situación económica está mejorando.

4. ¿De qué color es el carro nuevo de Uds.?

_____ carro nuevo es color café.

5. No encuentro mi diccionario de español, ¿lo tienes tú?

Sí, aquí tengo _____ diccionario.

II. Complete las oraciones, traduciendo las palabras que están en inglés.

1. (*your* [fam.]) Quiero que me enseñes _____ traje nuevo.

2. (*his*) Carlos tiene _____ coche siempre muy limpio.

3. (*her*) Isabel habla con _____ hermana.

4. (*yours* [formal]) Mi sofá es amarillo; _____ es verde.

5. (*their*) Ellos tienen _____ discusiones de vez en cuando.

6. (*Our*) _____ viaje fue magnífico.

7. (*my*) No sé dónde están _____ anteojos.

8. (*mine*) Esta pluma es _____.

9. (*ours*) La casa de la playa es _____.

10. (*Our*) _____ ideas son muy avanzadas.

III. ¿De quién es? Usted está encargado de devolver los artículos perdidos a las personas que vienen a reclamarlos. ¿Qué contestan ellos cuando Ud. les hace las siguientes preguntas?

MODELO: ¿De quién son estos esquís? ¿Son de Uds.?
Sí, ésos son nuestros.

1. ¿De quién es aquel paraguas negro? ¿Es de la Srta. Pérez?

_____

2. ¿A quién le pertenecen estos guantes? ¿Son de Ud.?

_____

3. ¿De quién es esta gorra? ¿Es tuya?

_____

4. ¿De quién es esa billetera? ¿Es del señor?

_____

5. ¿De quiénes son estos maletines? ¿Son de Uds.?

_____

6. ¿De quién es son aquellas tarjetas? ¿Son de ellos?

_____

Adjetivos y pronombres demostrativos

I. Subraye la palabra correcta para completar cada oración.

    1. Ponga la bolsa sobre (esta / este / ésta) mesa.

    2. ¿Cuál prefiere, (éste / estos / este) o aquél?

    3. Ella siempre está peleando; (estos / ese / esto) no es bueno.

    4. No me gusta (éste / esto / este) país.

    5. (Esta / Esas / Aquélla) motocicleta no frena bien.

    6. ¿Quién dijo (ese / eso / ésa)?

II. Complete las oraciones, traduciendo al español las palabras que están en inglés.

    1. (*the latter / the former*) Carmen y Susana trabajan conmigo; _____

        de traductora y _____ de mecanógrafa.

    2. (*this one / that / this*) Ese libro es bueno, pero _____ es mucho

        mejor. Las explicaciones que tiene son más claras y _____ es lo

        que hace que _____ libro sea tan popular entre los estudiantes.

    3. (*Those / This / this*) _____ luces que se ven a lo lejos son las del

        pueblo que vamos a visitar. _____ vez les enseñaré todos los lugares

        históricos que hay en él. El hacer _____ será un gran placer para mí.

III. Lea el siguiente párrafo acerca de su amigo Roberto y subraye la palabra correcta que aparece entre paréntesis.

(Aquéllos, Aquellos) años de su juventud fueron los más felices para Roberto; (éstos,

estos) son los más tristes. La soledad lo deprime muchísimo y (esto, aquello) lo hace

pensar nostálgicamente en el pasado. A menudo le traigo flores; (estos, éstos) jazmines,

por ejemplo, que son sus favoritos. Carmen y Susana también vienen a verlo;

(ésta, aquélla), es decir, Susana, es la que lo visita con más frecuencia.

Sustantivos

I. ¿Masculinos o femeninos? ¿Singular o plural? Complete las frases con el artículo definido **el, la, los, las** que les corresponda.

1. _____ idiomas extranjeros

2. _____ crisis económicas

3. _____ almas en pena

4. _____ análisis detallado

5. _____ sistema de gobierno

6. _____ fuente de juventud

7. _____ víctimas del huracán

8. _____ actrices en el teatro

9. _____ carne de puerco (*pork*)

10. _____ héroe de la independencia

11. _____ agua clara

12. _____ cumbre nevada

13. _____ sacacorchos útil

14. _____ problemas difíciles

II. Escriba la forma femenina de las siguientes expresiones.

1. el actor inglés _____

2. el caballo negro _____

3. el yerno comprensivo _____

4. el artista dedicado _____

5. el héroe del pueblo _____

6. el poeta inspirado _____

7. el duque español _____

8. el padrastro bueno _____

9. el gallo peleador _____

10. el atleta fuerte _____

11. el astronauta escogido _____

12. el compatriota querido _____

III. Cambie las siguientes frases al plural. Haga los cambios que sean necesarios. ¡Cuidado con los acentos!

1. un arma _____
2. un crucigrama _____
3. una cruz _____
4. el pie _____
5. el águila _____
6. el café _____
7. el hacha _____
8. el rubí _____
9. un sofá _____
10. el idioma _____

11. la mamá _____
12. un disfraz _____
13. el mapa _____
14. un poema _____
15. el ala _____
16. un dólar _____
17. el agua _____
18. el martes _____
19. la tesis _____
20. el té _____

IV. Cambie las siguientes frases al singular o al plural, según el caso. ¡Cuidado con los acentos!

1. el reloj _____
2. el ají _____
3. la crisis _____
4. los exámenes _____

5. las cicatrices _____
6. el tocadiscos _____
7. los japoneses _____
8. los lápices _____

V. Use los artículos definidos e indefinidos, las contracciones **al** y **del** y **de** + artículo para completar los siguientes párrafos.

1. La visita _____ Papa (*Pope*) _____ Perú comenzó

   con _____ misa en _____ plaza

   _____ catedral de Lima. _____ gran multitud

   asistió a esa misa que comenzó a _____ doce

   _____ día. A _____ cuatro

   _____ tarde todavía _____ plaza estaba llena de

   toda _____ gente que esperaba volver a ver

   _____ Papa _____ vez más.

2. El pobre Felipe se dio _____ golpe grande en

_____ frente _____ caerse en

_____ portal cuando estaba arreglando _____ luz

que está en _____ frente de _____ casa. Parece

que perdió _____ equilibrio y se cayó _____

escalera.

3. Cada uno _____ hermanos recibió _____ parte

_____ herencia (*inheritance*) que le correspondía. Por suerte,

_____ padre había dejado todo muy bien distribuido. Además,

dejó escritas _____ órdenes que quería que se cumplieran

_____ recibir cada hijo su herencia.

4. En _____ directorio telefónico encontré _____

número _____ restaurante donde comimos _____

semana pasada. Allí hacen _____ papas fritas más sabrosas que he

comido, y me enteré que _____ dueña es _____

policía que se retiró _____ año pasado.

VI. Escriba el diminutivo de las siguientes palabras. Use las terminaciones **-ito** o **-cito**.

1. valle _____   **11.** piedra _____

2. coche _____   **12.** música _____

3. carro _____   **13.** bosque _____

4. mujer _____   **14.** campana _____

5. perla _____   **15.** sortija _____

6. caballo _____   **16.** taza _____

7. muchacha _____   **17.** plato _____

8. abrigo _____   **18.** cuchara _____

9. lago _____   **19.** lugar _____

10. parque _____   **20.** diente _____

Adjetivos

I. Escriba una oración usando las palabras descriptivas entre paréntesis para contarnos acerca de sus compañeros de trabajo.

1. (varios, serios, responsables) Tengo compañeros

    _____

2. (esos, perezosos) trabajadores no van a recibir aumento de sueldo

    _____

3. (aquellos, ningún) jóvenes no tienen talento

    _____

4. (corteses, algún) Los empleados merecen elogio (*praise*)

    _____

5. (mis, queridos) Me divierto mucho con compañeros

    _____

II. Usted está preparando una lista de regalos que les va a dar a los miembros de su familia. Combine los elementos de sus apuntes para completar la lista.

> **MODELO:** billetera / cuero   <u>una billetera de cuero</u>
>   pantalones / azul <u>unos pantalones azules</u>

1. suéter / lana _____

2. bufanda / seda _____

3. collar / perlas _____

4. pulsera / oro _____

5. juguetes / pequeño _____

6. gafas / sol _____

7. disco / compacto _____

8. blusa / rosada _____

III. ¿Qué adjetivo usaría Ud. para describir a las siguientes personas y cosas?

   MODELO: Una persona que tiene pereza.   **Una persona perezosa.**

   1.   Una persona que siente envidia.   _____

   2.   Un amigo que tiene lealtad.   _____

   3.   Una vida con felicidad.   _____

   4.   Un camino con muchas piedras.   _____

   5.   Un cura que practica la humildad.   _____

   6.   Un panorama con montañas.   _____

   7.   Un niño que tiene miedo.   _____

   8.   Una persona que vive en la pobreza.   _____

   9.   Una persona que tiene nobleza.   _____

   10.   Una persona con mucha capacidad.   _____

IV. Cambie las frases, usando las palabras que se dan a la derecha, haciendo los cambios necesarios.

   MODELO: un chico boliviano
             unas escritoras **bolivianas**

   1.   un niño regordete   _____ señora _____

   2.   una pareja feliz   _____ padres _____

   3.   una estudiante cortés   _____ chicos _____

   4.   una persona vivaz   _____ personas _____

   5.   un trabajo difícil   _____ obras _____

   6.   un viejito débil   _____ mujeres _____

V. Complete las oraciones con un adjetivo descriptivo que corresponda a los sustantivos subrayados.

    MODELO: La estrella tenía gran brillo; era **brillante**.

1. Hacía mucho <u>calor</u>; era un día _____.

2. Todo el mundo hacía mucho <u>ruido</u>. Fue un espectáculo _____.

3. El hombre sentía mucha <u>humildad</u>. El hombre _____ se sentó a

   mi lado.

4. La <u>fidelidad</u> es una virtud. Tengo pocos amigos verdaderamente

   _____.

5. Esa niña es un <u>encanto</u>. ¡Qué niña tan _____!

6. No me gusta manejar por las <u>montañas</u>; los caminos _____ son

   peligrosos.

7. No hay como la <u>fragancia</u> de una gardenia; también me encantan las rosas

   _____.

8. El programa de anoche fue un <u>aburrimiento</u>; todos estábamos

   _____.

VI. Coloque los adjetivos que están entre paréntesis en el lugar correcto para que las oraciones sean más específicas e informativas.

    MODELO: Ayer terminamos la lección. (tercera)
                  Ayer terminamos la tercera lección.

1. Sacamos fotos durante el viaje. (cien)

   _____

2. Esos jóvenes no tienen talento. (ningún)

   _____

3. Ella acaba de recibir dinero. (algún)

   _____

4. Cervantes fue un escritor español. (gran)

_____

5. A ella le gustan las frutas. (tropicales)

_____

6. El edificio está en una calle de Madrid. (estrecha)

_____

VII. Complete las oraciones, traduciendo al español las frases que están en inglés.

1. (*one hundred*) Llegaron al hotel _____ huéspedes.

2. (*Mexican architect*) Este edificio fue hecho por el mismo _____

_____ que hizo la cámara de comercio.

3. (*first*) El _____ viaje lo hicimos en avión.

4. (*a great man*) Simón Bolívar fue _____.

5. (*Some*) _____ día visitaré Caracas.

6. (*third*) Es la _____ vez que te llamo.

7. (*Some*) _____ pasajeros se marearon al cruzar los Andes.

8. (*the happy days*) _____ se fueron para siempre.

9. (*Poor man*) _____, perdió el trabajo.

10. (*The good man*) _____ le dio todo lo que tenía.

11. (*white wine*) Me gusta más el _____ que el vino tinto.

12. (*the wide sky*) El rascacielos parecía tocar _____.

13. (*the same doctor*) José sigue con _____.

14. (*a capable secretary*) Al fin conseguí _____.

15. (*The lawyer himself*) _____ nos abrió la puerta.

VIII. Escriba una oración original con cada una de las siguientes expresiones.

1. el mismo hombre _____

el hombre mismo_____

2. un gran individuo _____

un individuo grande _____

3. pobre niño _____

niño pobre _____

4. cualquier silla _____

una silla cualquiera _____

5. el dichoso señor _____

el señor dichoso _____

IX. ¿Cómo era el sospechoso? Ud. fue testigo de un robo en el banco y debe darle una descripción a la policía del sospechoso. Escriba un párrafo dando los detalles que Ud. recuerda de este individuo.

_____

_____

_____

_____

_____

_____

_____

_____

_____

Repaso de acentuación

I. Dé el plural o el singular de las siguientes palabras.

1. una lección fácil _____

2. un portugués discreto _____

3. esos ingleses juguetones _____

4. el hombre narigón _____

5. un lápiz marrón _____

6. los cartones pequeños _____

7. un examen difícil _____

8. unas naciones unidas _____

9. el corazón adolorido _____

10. un francés cortés _____

Repaso de ortografía: sc

I. ¿Se escriben con **sc**, **c**, o **s**? Si no está seguro, busque las palabras en el diccionario.

di____olver   con____iencia   a____unción

e____enógrafo   a____ensión   en____iendo

adole____ente   de____ender   sete____ientos

eferve____encia   mi____elánea   ne____esidad

inver____ión   ob____enidad   a____egurar

efi____iente   dos____ientos   sufi____iente

de____entralizar   a____ensor   di____iplina

II. ¿Se escriben con **sc**, **c** o **s**? Si no está seguro, busque las palabras en el diccionario.

1. El hombre estaba enfermo, y no estaba con____iente de lo que decía.

2. En la reunión se anali____aron varios con____eptos.

3. Todavía viven en ese pueblo los de___endientes de su fundador.

4. ¿Encontraron Uds. muchas diferen_____ias entre los dos artículos?

5. Ese programa no es bueno porque contiene muchas e___enas de violen___ia.

6. Juanito, ¿quieres en___ender las lu___ por favor?

7. La familia salió de su casa al amane___er.

8. Había más de sei___ientas personas en ese salón.

9. El plan que presentaron allí era muy defi___iente.

10. El Sr. Ramos es un trabajador efi___iente y hace poco le dieron un a___enso.

Capítulo 9

Repaso de la lectura 1

I. Escoja la mejor respuesta para cada pregunta basada en la lectura "Argentina," páginas 267-269 del libro de texto.

1. ¿Qué parte de la Argentina es la más poblada?
   a. El norte.
   b. El centro.
   c. El sur.

2. ¿Cuál es la principal riqueza de exportación de la Argentina?
   a. El petróleo.
   b. Los vinos.
   c. La ganadería.

3. ¿Por qué es famoso Bariloche?
   a. Por la belleza de la pampa.
   b. Por sus bosques y lagos.
   c. Por los vinos que produce.

4. ¿Qué son los arrayanes?
   a. Árboles.
   b. Chocolates.
   c. Montañas.

5. ¿Quién fue el escritor que describió al gaucho con gran realismo y fuerza?
   a. Jorge Luis Borges.
   b. Julio Cortazar.
   c. Domingo Faustino Sarmiento.

II. Después de repasar el vocabulario de la lectura, llene los espacios en blanco con una de las siguientes palabras o expresiones. Use el tiempo del verbo que sea necesario.

al pie de   bosque   confitería   denso   destacarse   empapar   encabezar ganado   habitar   llanura   lugar de temporada   orilla   pasto   rascacielos sobrecoger   vaquero

1. Los Andes presentan un espectáculo que _____ cuando se vuela

   sobre ellos. La ciudad de Mendoza está _____ esta cordillera.

2. El gaucho es el _____ que _____ en la pampa.

   donde el _____ encuentra muy buen _____

3. La región de Neuquen es famosa por sus _____

   _____ y sus lagos donde la pesca de la trucha es muy popular.

4. Bariloche es un bello _____ que está situado a la

   _____ del lago Nahuel Huapi.

5. Buenos Aires es una bella capital con numerosos _____ y bellas

   avenidas. Las _____ son centros de reunión que están siempre

   llenos de políticos, _____ y artistas.

6. Jorge Luis Borges _____ la lista de escritores que

   _____ en el siglo XX.

Repaso de la lectura 2

I. Después de leer el cuento "Sala de espera", página 271-272 del libro de texto, indique si las siguientes explicaciones son falsas (**F**) o verdaderas (**V**).

1. _____ Costa, después de asesinar a Wright, se apoderó de lo que ellos habían robado.

2. _____ El asesino se escapó con todo lo robado.

3. _____ Costa vio el fantasma de Wright sentado en la estación de trenes.

4. _____ La señora y el fantasma permanecieron en la estación conversando con Costa.

5. _____ En este cuento el asesino fue castigado por su crimen.

II. Después de repasar el vocabulario del cuento, llene los espacios en blanco con la forma correcta de una de las siguientes palabras. Use el tiempo del verbo que sea necesario.

andén   aspiradora   bostezo   fantasma   fingir   maleta   robar

1. La _____ estaba llena de dinero y joyas.

2. Costa _____ que tiene sueño con un _____.

3. El _____ y la señora no suben al tren.

4. Cuando el tren llega al _____ Costa está paralizado y no

    puede moverse.

5. La sala está vacía cuando un hombre viene a pasar la _____.

Repaso de la lectura 3

I. Después de leer la lectura "Apocalipsis", página 273 del libro de texto, indique si las siguientes explicaciones son falsas (**F**) o verdaderas (**V**).

En la narración se dice que:

1. _____ La perfección de la raza humana ocurrió en el siglo XXXII.

2. _____ Llegó un momento en que todo estaba controlado por botones.

3. _____ Cosas como la pintura, la música y la religión reemplazaron las máquinas.

4. _____ La frase "seguimos funcionando" quiere decir que sólo las máquinas quedaron.

II. Después de repasar el vocabulario del cuento, llene los espacios en blanco con una de las siguientes palabras o expresiones.   Use el tiempo del verbo que sea necesario.

alcanzar   apretar   ni siquiera   prevalecer   tropezar

1. Al entrar en el ascensor del hotel, Ana Luisa _____ con una maleta

    que estaba en el piso. Después _____ el botón del tercer piso que

    era donde quedaba su cuarto.

2. Ella _____ había terminado de sentarse en su oficina cuando el

    jefe le dijo que, debido a la perfección que ella había _____ en su

    trabajo, le iba a aumentar el suelo.

Adverbios

I. Escriba los sustantivos, los adjetivos y los adverbios que faltan para completar el siguiente cuadro.

	SUSTANTIVO	ADJETIVO	ADVERBIO
1.	fealdad		
2.			fácilmente
3.	lentitud		
4.		veloz	
5.		trágico	
6.			dulcemente
7.	riqueza		
8.		envidioso	
9.			audazmente
10.		antiguo	
11.	cortesía		
12.		suave	

II. Complete las oraciones con la forma gramatical correcta perteneciente a la palabra que está a la izquierda.

1. (cortés) Don Ramiro es un hombre muy _____. Para él lo más importante es la cortesía.

2. (trágico) La destrucción de las torres en la ciudad de Nueva York fue un acto que afectó _____ a toda la nación americana.

3. (fluido / claro) Mi hermano tiene gran facilidad para aprender un idioma extranjero. Para él los idiomas son fáciles y por eso habla español y francés _____ y _____.

4. (veloz) El avión Concorde es muy veloz. Como vuela _____ los

viajes transatlánticos ahora se hacen en mucho menos tiempo.

5. (egoísta) Pedro fue siempre muy egoísta. En todas las situaciones él siempre reac-

cionaba _____.

III. Complete las oraciones, traduciendo al español las palabras que están en inglés.

1. (*well*) Juan trabaja _____.

2. (*good*) Ellos hicieron un _____ trabajo.

3. (*well*) Julia y Alejandro están _____.

4. (*good*) Los chicos son _____.

5. (*Once in a while*) _____ salimos a caballo.

6. (*slowly/clearly*) El locutor habló _____ y _____.

7. (*better than ever*) Anoche tocaste la guitarra _____.

8. (*rapidly*) Pedro salió _____.

9. (*even more*) Ella trabaja mucho, pero su esposo trabaja _____.

10. (*still*) Los chicos _____ están nadando.

Comparativos

I. Ud. cree lo contrario de lo que dice su hermano. Escriba su opinión.

MODELO: Ayer Ernesto habló <u>mejor</u> que nunca.
<u>Creo que ayer Ernesto habló **peor** que nunca.</u>

1. Aurelio es <u>mayor</u> que su hermano.

_____

2. Gabriela fue la <u>última</u> en llegar.

_____

3. Este hotel es <u>mejor</u> que el otro.

_____

4. Ernestina es una <u>buena</u> maestra.

_____

5. Los padres de Teresita están muy <u>bien</u>.

_____

II. Complete el siguiente párrafo con las palabras que se han omitido y que son necesarias para completar las construcciones de comparación.

1. La novela que terminé tiene más _____ quinientas páginas y es

menos interesante _____ la última que leí del mismo autor. Creo

que es _____ peor _____ él ha escrito.

2. Cuando llegamos a la playa el mar estaba tan azul _____ el cielo,

y el horizonte era una línea que los unía. La arena parecía más blanca

_____ la nieve y las olas se deshacían suavemente en espuma.

3. Luisita tiene _____ amigos como su hermana y habla mucho. Pero

ella dice que no tiene más _____ dos verdaderas amigas.

4. Los precios llegaron a estar _____ altos que los López vendieron

la casa en más _____ cien mil dólares, que fue lo que pagaron por

ella hace un año.

III. Complete las oraciones comparativas, usando la clave al principio de la oración para hacer una comparación de igualdad, de superioridad, o de inferioridad.

MODELO: = El cuaderno es **<u>tan</u>** grande **<u>como</u>** el libro.

1. = El mar está _____ azul _____ el cielo.

2. + La calle en que vivo es _____ estrecha _____

la Avenida Real.

3. – Esta ciudad tiene _____ habitantes _____ la otra.

4. = En clase leemos _____ _____ escribimos.

5. + En Buenos Aires hacía _____ calor _____ en

Santiago.

6. + Esta carretera es buena, pero la otra era _____.

7. = En mi clase de historia hay _____ alumnos

_____ en la clase de inglés.

8. – Roberto es _____ popular _____ su hermano.

9. – Alicia tiene 32 años y su esposo 35; ella es _____ que él.

10. = Yo no tengo _____ entusiasmo _____ tú.

IV. Complete las oraciones con **de** + artículo (**el, la, los, las, lo**) + **que**.

MODELO: Ella tiene más carácter **del que** parece.

1. Vino más gente _____ esperábamos.

2. Vendimos la casa en más dinero _____ pagamos por ella.

3. Habló más _____ debía.

4. Trajeron más frutas _____ necesitábamos.

5. Las fotografías quedaron mejor _____ yo esperaba.

6. Elisa tiene más amigos _____ yo creía.

Comparativos y superlativos

I. Complete las siguientes oraciones comparativas, usando las palabras entre paréntesis.

MODELO: (elegante) El edificio Orión es **el más elegante** de la ciudad.

1. (alto) El Pico de Orizaba es _____ del territorio mexicano.

2. (antigua) La Universidad de México es _____ de las Américas.

3. (mejor) José Luis Cuevas es uno de _____ pintores de las nuevas

generaciones.

4. (avanzada) La cultura maya fue _____ que las otras culturas pre-

hispánicas.

5. (comercial) El puerto de Tampico es _____ que el de Acapulco.

6. (famoso) David A. Siqueiros es _____ como José C. Orozco y

   Diego Rivera.

II. Complete las oraciones, traduciendo las frases en inglés para formar el comparativo o el superlativo.

   1. (*the highest ...in the*) La Paz es _____ capital

      _____ mundo.

   2. (*as many ...as*) En México hay _____ novelistas importantes

      _____ en la Argentina.

   3. (*largest ...in*) Bogotá es _____ ciudad _____

      Colombia.

   4. (*less ...than*) Cuba exporta _____ tabaco _____

      azúcar.

   5. (*higher than*) El Aconcagua es _____ alto _____

      el Orizaba.

   6. (*as much ...as*) José Clemente Orozco tiene _____ fama

      _____ Diego Rivera.

   7. (*as many ...as*) En Acapulco se ven _____ turistas

      _____ en Mar de Plata.

   8. (*as ...as*) En México Benito Juárez es _____ respetado

      _____ Miguel Hidalgo.

   9. (*as much as*) La música de Carlos Chávez vale _____ la de

      Villalobos.

   10. (*better than*) El café de Colombia es _____ el de Santo Domingo.

   11. (*the oldest*) De todos los hermanos, Fermín es _____ .

   12. (*more than*) Pagamos _____ 15.000 por el carro.

Nombre _____ Fecha _____ Clase _____

III. Complete las oraciones con uno o más superlativos terminados en **-ísimo**.

    MODELO: Compré un traje <u>lindísimo y carísimo</u>.

1. Te quiero _____

2. Mi amiga es _____

3. Date prisa, es _____

4. Los zapatos me quedan _____

5. La catedral es _____

IV. Conteste las preguntas, usando el superlativo absoluto, según el modelo.

    MODELO: ¿Es rico el presidente de la compañía? **<u>Sí, es riquísimo.</u>**

1. ¿Les escribiste una carta larga? _____

2. El templo es muy antiguo, ¿no? _____

3. ¿Se portó muy amable el señor? _____

4. Es una chica simpática, ¿verdad? _____

5. ¡Qué clima tan malo! ¿No crees? _____

V. Usted trabaja en una tienda que se especializa en equipo electrónico. Para venderles a los clientes usted debe comparar los siguientes artículos explicando los precios, las ventajas o desventajas de ellos, cómo funcionan, las reacciones de otros clientes, etc.

1. Computadora A y Computadora B

_____

_____

_____

_____

_____

_____

_____

_____

2. Impresora A e Impresora B

_____

_____

_____

_____

_____

_____

_____

Relativos

I. Usando la forma correcta de **cuyo**, haga oraciones con los elementos dados.

> MODELO: (ciudad / calles) <u>La ciudad, cuyas calles</u> son estrechas, es muy antigua.

1. (avión / motores) <u>El avión, cuyo motores</u> son nuevos, funciona muy bien y es muy rápido.

2. (aeropuerto / torre de control) <u>E aeropuerto Cuyo torre de control</u> tiene un personal experimentado, le dio la orden de aterrizaje (*landing*) al avión.

3. (pilotos / horas de vuelo) <u>los pilotos, cuyas horas....</u> son muchas, necesitan descansar una semana.

4. (auxiliares de vuelo / uniformes) <u>los auxiliares de vuelo, cuyos uniformes</u> están muy bien hechos, se ven muy elegantes.

5. (la aerolínea / puntualidad) <u>la aerolínea, cuya puntualidad</u> era malísi-ma, se declaró en quiebra (*bankrupt*).

II. Complete las oraciones con **que**, **quien** o **cuyo**.

1. Los coches <u>que</u> pasan hacen mucho ruido porque las calles, <u>cuyos</u> pavimento está en muy malas condiciones, necesitan reparación inmediata.

2. La trabajadora social ___*que*___ vino a tomar los datos fue muy amable

   con nosotros. Con ella será con ___*quien*___ tendremos que hablar en

   el futuro.

3. La casa, ___*Cuya* ~~que~~___ tamaño nos conviene, está en un barrio

   ___*que*___ queda muy lejos del colegio de los niños. A mi esposo es a

   ___*quien*___ le gusta mucho porque dice que es muy cómoda y tiene un

   garaje grande.

4. ¿De ___*quien*___ es el abrigo ___*que*___ está sobre la silla?

   Me llamó la atención porque la lana con ___*que*___ está hecho es

   magnífica.

III. Complete las oraciones con el relativo apropiado: **que, quien, el (la, los, las) que, lo que.**

1. El señor ___*a quien*___ conociste anoche es guitarrista.

2. La persona en ___*que*___ estoy pensando está muy lejos.

3. Juan está enfermo, ___*lo que*___ me tiene muy disgustada.

4. El hermano de Adela, ___*el que*___ es piloto, es muy guapo.

5. Este es el libro del ___*que*___ te hablé.

6. No es verdad ___*lo que*___ dice la gente.

7. ___*el que*___ come mucho, engorda.

8. Las manzanas con ___*que*___ hice el pastel estaban muy buenas.

9. Hicimos todo ___*lo que*___ quería el profesor.

10. Ya les expliqué la razón por ___*que*___ no fui anoche.

11. La muchacha con ___*que*___ salí anoche habla tres idiomas.

12. El empleado ___*a quien*___ me atendió era muy amable.

IV. Traduzca al español las frases que están en inglés para completar las oraciones.

1. Esta es la chica _con quién_ yo estudié en El Paso.   (*with whom*)

   Su hermana, _quién_ es monja, vive en un convento   (*who*)

   en San Antonio.

2. El informe _de que_ Ud. escribió es muy bueno.   (*that*)

   lo que necesitamos ahora es que lo apruebe el director.   (*What*)

3. El juego de palos de golf _que_ yo le regalé a René   (*that*)

   me costó bastante caro.

4. ¿Quién es la persona _que quien_ sacó las fotos el día   (*who*)

   de la competencia de patinaje artístico (*figure skating*)?

   los que las vieron me dijeron que quedaron   (*The ones who*)

   muy bien.

5. _el que_ dirigió el programa,   (*The one who*)

   cuyo nombre no recuerdo, fue   (*whose*)

   quién hizo la película basada en una   (*who*)

   novela de Carlos Fuentes.

V. Forme una oración, combinando las dos oraciones cortas con un relativo: **que, quien, quienes, lo que, lo cual**.

MODELO: Tenía dolor de cabeza. No pude llamarte.
   Tenía dolor de cabeza por lo que (cual) no pude llamarte.

1. Me pondré el abrigo nuevo. Lo compré ayer.

   Me pondré el abrigo nuevo que compré ayer

2. Manejaba demasiado rápido. Le costó una multa.

   Manejaba demasiado rápido, lo cual le costó una mul

3. La madre de Roberto no vino al programa. Ella está enferma.

   La madre de Roberto, quién no vino al programa

4. El apartamento me conviene. Tiene cuartos espaciosos.

el apartamento que tiene cuartos espacios me conviene

5. El dependiente es muy amable. Me atendió ayer.

el dependiente ~~quien~~ que me atendió ayer, es muy amable

Frases que denotan obligación

I. Complete las oraciones con una expresión que denote idea de cambio. Use el tiempo presente.

1. Como mi tío no tiene auto yo *tuve que* llevarlo al aeropuerto a las seis.

   Las aerolíneas dicen que para los vuelos internacionales _____

   estar en el aeropuerto con dos horas de anticipación.

2. (yo) _____ ayudar a mi hermanito con su tarea cada vez que me lo

   pida, pero hoy no puedo porque _____ preparar la mía.

Repaso de acentuación

I. Escriba los acentos donde sea necesario.

Querida Raquel,

Ayer recibi una larguisima carta de Antonio en la que nos dice que piensa venir a

hacer sus estudios en Nuevo México. ¡Imaginate la sorpresa! ¡Que fantastico! ¿Por que

crees que decidio venir a Albuquerque? Dice que la ultima vez que estuvo aquí de visita

le impresiono mucho el ambiente, el modo de vivir y el hecho de que se encuentra

mucha gente de habla hispana. Creo que aqui se siente como en familia. Alberto y yo

estamos contentísimos de que pronto venga, pues el es una persona muy fina y ademas

tiene un gran sentido de humor. Bueno, amiga mia, solo queria darte estas noticias. Sin

mas por hoy, recibe un abrazo cariñoso de

Lolita

Repaso de ortografía: r, rr

I. Estudie la ortografía de las siguientes palabras, prestando atención al uso de la **r** y la **rr**.

oro	espíritu	cera	árabe
cerámica	pera	Israel	quiere
rueda	Rubén	ahora	enredo
arroyo	borrego	barro	arriba
corrupto	barril	pelirrojo	correcto
barrio	borrar	guerrillero	irracional
error	gorro	torre	parrilla
abarrotes	catarro	pararrayos	correr

II. ¿Se escriben con **r** o **rr**? Busque estas palabras en el diccionario si no está seguro y complete cada palabra con las letras correspondientes.

co____upción   peli____ojo   en____edo

____ueda   güe____a   hon____ado

que____án   to____es   quie____o

ba____io   ce____ar   para____ayos

gue____a   e____upción   greco____omano

is____aelita   ____iqueza   i____acional

III. Escoja la palabra que complete el sentido de la oración y escríbala en el espacio.

1. (cero / cerro) El ranchito estaba en lo alto de un _____.

2. (foro / forro) Marta cosió un _____ nuevo para su abrigo de invierno.

3. (para / parra) Aquella _____ se ha secado por falta de agua.

4. (coral / corral) ¿Te gusta este collar de _____ que me regaló mi tía.

5. (querían / querrían) De niños ellos siempre _____ jugar en ese

parque.

6. (ahora / ahorra) Papá siempre me decía: "_____ tus centavitos

_____ que después los disfrutarás."

Capítulo 10

Repaso de la lectura 1

I. Escoja la mejor respuesta para cada pregunta basada en la lectura "Países en la costa del Pacífico: "Ecuador, Perú y Chile", páginas 295-297 del libro de texto.

1. ¿Cuáles fueron los dos centros culturales más importantes que tenía España en el Nuevo Mundo?
   a. El Ecuador y el Perú.
   b. México y el Perú
   c. Chile y México.

2. ¿Por qué se dice que la ciudad del Cuzco es la capital arqueológica de Sudamérica?
   a. Porque allí se hallan las ruinas dejadas por los españoles durante la época de la conquista.
   b. Porque fue fundada por los incas.
   c. Porque era la capital de los incas y por las ruinas prehispánicas que hay en sus alrededores.

3. ¿Cómo es el paisaje de la zona del río Amazonas en el Perú?
   a. Montañoso y con picos nevados…
   b. Desértico y con áridas mesetas…
   c. Con selvas y con ríos abundantes…

4. ¿Cuál es la capital de Chile?
   a. Valparaíso
   b. Concepción
   c. Santiago

5. ¿Por qué es importante Valparaíso?
   a. Porque es un lugar excelente para esquiar.
   b. Porque tiene muchos centros culturales y de diversión.
   c. Porque es el puerto principal de Chile.

II. Después de repasar el vocabulario de la lectura, llene los espacios en blanco con una de las siguientes palabras o expresiones. Use el tiempo del verbo que sea correcto.

atravesar   bahía   bañar   carretera   de pie   disfrutar   Escuela de Derecho
espada   estrecho   ferrocarril   irlandés   junto a   meseta   pesca   pintoresco
valioso

1. La comunicación entre las regiones del Perú es muy difícil porque los

   _____ tienen que subir altas montañas y _____

   tienen que _____ puentes y túneles.

2. La ciudad de Riobamba en el Ecuador tiene el paisaje andino más

   _____ porque se puede ver el Chimborazo que siempre está cubier-

   to de nieve.

3. El lago Titicaca está en una alta _____ en la frontera del Perú con

   Bolivia.

4. Las costas del Ecuador y Chile están _____ por el Océano Pacífico.

5. Chile parece una _____ porque es un país largo y

   _____. Santiago, la capital, está _____ la

   cordillera de los Andes y sus habitantes pueden _____ de los

   deportes de invierno en las montañas.

6. En Valparaíso está la _____ de la Universidad de Chile y en su

   _____ hay siempre barcos mercantes.

7. Muy cerca de Valparaíso queda Viña del Mar que es famosa por sus playas y mag-

   nífica _____.

8. Bernardo O'Higgins, un chileno de ascendencia _____, luchó por

   la independencia de su patria.

Preposiciones

I. Marque con una **X** las oraciones que contienen una preposición.

1. ___X___ Va caminando por la acera hacia la farmacia.

2. ___X___ Se encontraron allí mucho después.

3. ___X___ Al entrar pude observar que estaban hablando.

4. _____ Además, es muy mentiroso.

5. ___X___ Estaban sentados bajo la sombra de un árbol.

6. _____ ¿Los viste una sola vez?

II. La casa de mi abuelo. Llene los espacios en blanco con una preposición que le dé sentido a la oración.

1. La casa _____de_____ mi abuelo fue construida hace más de medio siglo.

2. Tiene paredes _____de_____ adobe y techo _____de_____ tejas

   rojas.

3. Todos los veranos íbamos _____a_____ la hacienda donde estaba la casa

   y generalmente, nos quedábamos allí _____desde_____ junio

   _____hasta_____ agosto.

4. Cuando llegábamos _____a_____ la entrada de la hacienda sabíamos que

   los abuelos estaban _____en_____ la casa esperándonos.

5. En frente _____de_____ la casa había un camino de palmas y flamboyanes

   que contrastaban _____de_____ el azul del cielo

6. El río se veía _____en_____ el portal y en él solíamos (*used to*) nadar

   diariamente.

III. Traduzca al español las frases que están en inglés.

1. (*cup of coffee*) ¿Me trae una ~~Capa~~ taza de Café, por favor?

2. (*dressed in white*) La niña iba vestida en blanco

3. Rosalía (*was looking for*) buscaba a su papá.

4. Ella le (*asked for*) ___preguntó por___ dinero para ir al cine.

a quien **5.** (*Whom*) ___quieres ?___ vieron Uds. en el circo?

6. Las instrucciones dicen que esta blusa puede lavarse (*by hand*)

___a mano___ .

IV. Imagínese que Ud. encontró entre un montón de papeles viejos un diario de memorias que escribió su padre. En él aparece la siguiente narración que Ud. va a completar con las preposiciones (**en, a, de**) que sean necesarias.

___en___ aquel tiempo nosotros íbamos ___a___ pasar las
  1   2

vacaciones ___de___ invierno ___~~a~~ a___ las montañas
         3   4

donde vivían los abuelos. Íbamos ___~~a~~ en___ carro porque
                                5

___a___ mi hermana no le gustaba ir ___en___ tren. Los
  6   7

abuelos vivían ___en___ un lugar muy hermoso y el panorama
           8

___de___ la montaña, toda cubierta de nieve, y los gigantescos árboles
  9

sin hojas, lo tengo grabado ___~~de~~ en___ mi mente. Aún hoy, después
                         10

___de___ tantos años, puedo repetir ___de ~~de~~___ memoria, los
  11   12

cuentos que nos hacía el abuelo cuando por las noches nos sentábamos alrededor

___de___ la chimenea.
  13

V. El uso de las drogas. En el periódico Ud. lee el siguiente artículo que habla acerca de las drogas entre jóvenes. Escriba en el espacio la preposición que complete el sentido de cada oración.

El uso ___de___ narcóticos ___en___ las escuelas es un
         1   2

got wrong

problema grave. Según las estadísticas nacionales ___sobre ~~e~~___ el uso
                                              3

___de___ narcóticos, ha habido un aumento ___de___ más
  4   5

del ciento veinte por ciento ___~~de~~___ los menores de quince años. Es
                          6 *entre*
                            (en)

necesario que todos hagamos frente ___de a___ la crisis
                                         7

___en___ las escuelas. En algunas ciudades ___en de___ los
   8   9

Estados Unidos, se está experimentando ___con___ varios métodos
                                              10

___para___ darle solución al problema. Se necesitan programas intensos
      11

___de___ educación ___sobre___ las drogas. Es una lástima
   12   13

que el uso ___de___ drogas esté llegando ___a___ las
              14   15

escuelas primarias. Todos debemos preocuparnos ___de por___ estos
                                                    16

jóvenes adictos. ___en___ un sistema educativo tan avanzado, es una
                   17

pena que no se les eduque mejor a los jóvenes.

Usos de por y para

I. Usando **por** o **para** y las palabras entre paréntesis conteste las preguntas según el modelo.

> **MODELO:** ¿Qué estudias? (médico)
> **Estudio para médico.**

1. ¿Cuándo quieres el traje? (mañana)

   lo quiero para mañana

2. ¿Por cuánto te vendió la moto? (muy poco dinero)

   me lo vendió por muy poco dinero

3. ¿Cómo fue que no asistieron Uds. a la reunión? (no tener tiempo)

   No vení por no tener tiempo

4. ¿A qué fuiste al garaje? (llenar el tanque de gasolina)

   fuí para llenar el tanque de gasolina

5. ¿Adónde iban los jóvenes cuando los viste? (universidad)

   iban para la universidad

6. ¿Qué piensas estudiar? (trabajadora social)

   pienso estudiar para ser trabajadora social

II. Complete las oraciones con la preposición **por** o **para**.

1. Mi hermana está ___por/para___ llamar ___para___ avisarnos la hora de su llegada.

2. ¡ ___por___ Dios, ten cuidado!

3. El hotel está ___para___ construirse, pero ___para___ poder hacerlo necesitan un préstamo mayor, y no quieren pagar más del siete ___por___ ciento de interés.

4. Los muchachos salieron ___por___ la puerta del fondo.

5. El *Quijote* fue escrito ___por___ Cervantes.

6. Vamos a ir ___por___ la carretera nueva ___para___ conocerla.

7. ___Por___ todas las razones que ya sabes, no debes casarte con él.

8. Faltan veinte minutos ___para___ las diez.

9. El soldado murió ___para___ su patria.

10. Habré terminado la traducción ___para___ el mes de junio.

11. Había flores ___por___ todas partes.

12. ___Por___ estar enferma no pude ir al trabajo ___por___ tres días.

13. Ella no conduce en la autopista ___por___ miedo.

14. Eduardo salió temprano ___para___ evitar el tráfico en la autopista.

15. Mi carro hace quince millas ___por___ galón.

16. Voté ___para___ el candidato demócrata.

17. La planta se secó ___por___ falta de agua.

18. Salieron de casa ___por___ la tarde.

19. Trabajan ___por___ una compañía norteamericana; les pagan bien.

20. ¡Nunca manejo a cien millas ___por___ hora! Ni siquiera a ochenta.

III. Imagínese que usted está preparando un reportaje para el periódico de su ciudad. Complete el siguiente párrafo con **por** o **para** para dar la información.

El huracán (*hurricane*) causó gran destrozo _____*por*_____ todos los lugares
                                                     1

_____*por*_____ donde pasó. _____*para*_____ poder reconstruir todo el
        2   3

daño causado será necesario esperar, _____*por*_____ lo menos, un año. El
                                               4

gobierno y las instituciones privadas están cooperando _____*para*_____
                                                                  5

proporcionar todo lo necesario a las personas que han sufrido daños (*damage*) grandes.

_____*por*_____ el momento, la gente se ayuda mutuamente y lucha
        6

_____*para*_____ normalizar la vida. _____ mucho que uno trate
        7   8

de imaginarse lo que es el viento soplando (*blowing*) a ciento sesenta millas

_____*por*_____ hora, no puede verdaderamente comprenderlo hasta que no lo
        9

pasa. Muchas donaciones han sido hechas _____*para* *por*_____ personas e
                                                    10

instituciones _____*para*_____ enviar alimentos y medicinas a las zonas
                     11

afectadas _____*por*_____ el huracán. Este gesto generoso es apreciado
                  12

_____*por*_____ todos los que experimentaron el huracán.
        13

Usos de pero y sino

I. Complete las oraciones con **pero, sino** o **sino que**.

1. Perdí el dinero, _____ encontré un verdadero amigo.

2. No tengo catarro, _____ tengo gripe.

3. No voy a salir con Fausto, _____ con Rafael.

4. Traje las fotografías, _____ nadie quiso mirarlas.

5. No quieren jugar al dominó, _____ ir a nadar.

6. No quiero fresas, _____ manzanas.

7. No lo llamé, _____ fui a verlo.

8. Ella no es rubia, _____ morena.

Verbos que se usan con la preposición *a* seguida de un infinitivo y los que se usan sin ella.

I. Complete las oraciones con la preposición **a** si es necesario. Escriba el símbolo Ø si no se necesita la preposición.

1. Al ver los toros los chicos se echaron _____ correr.

2. Pensamos _____ ir a casa de Graciela.

3. El avión va _____ salir dentro de media hora.

4. Se pusieron _____ trabajar con gran afán.

5. Queremos _____ visitar el museo de arte moderno.

6. El Sr. Benítez le ayudará _____ buscar trabajo.

7. Los nuevos inquilinos vendrán _____ firmar el contrato.

8. Ellos prefirieron _____ regresar caminando.

9. Ella no se acostumbró _____ vivir en el campo.

10. El doctor me aconsejó _____ descansar.

11. Hay un letrero que dice: "Se prohíbe _____ caminar en el césped."

12. Ellos rehusaron _____ aceptar la oferta.

13. Detesto _____ tener que planchar.

14. Cuando veníamos de regreso, mi esposo se paró _____ comprar el periódico.

II. Para completar los siguientes párrafos llene los espacios en blanco con la preposición **a** si es necesario.   Escriba el símbolo **Ø** si no se necesita la preposición.

A.

Después de que aprendí _____ nadar me dediqué

1

_____ enseñar _____ mis sobrinos. Cuando

2   3

comenzaron _____ portarse mal me negué _____

4   5

llevarlos a la piscina. Les prohibí _____ salir un fin de semana y

6

pronto se acostumbraron _____ hacerme caso.

7

B.

Pensamos _____ ir a casa de Graciela. Queremos

1

_____ visitarla antes de que se vaya a Nueva York. ¿Sabías que el

2

Profesor Martínez va a ayudarla _____ buscar trabajo? Graciela

3

necesita _____ trabajar porque necesita dinero para la universidad.

4

C.

Mi hermana detesta _____ tener que planchar. Cuando se le arruga la

1

ropa ofrece pagarme para que se la planche, pero yo siempre rehúso su oferta. Por mi

parte, prefiero _____ llevar la ropa a la lavandería.

2

Verbos que van seguidos de preposición

I. Complete las oraciones con las preposiciones **de, en** o **con**.

1. Ayer nos enteramos _____ la boda de su hermano.

2. Todos los días pienso mucho _____ mis padres.

3. Nunca se puede contar _____ Juan porque es muy irresponsable.

4. Ayer nos encontramos _____ Vicente al salir del zoológico.

5. Mi hermana siempre se queja _____ todo.

6. Convinimos _____ encontrarnos después del trabajo.

7. Francisco insistió _____ ir a ver al alcalde.

8. El joven belga se enamoró _____ mi hermana.

9. ¿ _____ qué quedamos: bailamos o nos sentamos?

10. ¡Que sueñes _____ los angelitos!

11. ¿Todavía crees _____ los milagros?

12. ¿Qué piensas _____ la nueva directora?

13. Entró _____ el cuarto sin hacer ruido.

14. Esta jarra puede servir _____ florero.

15. Andaba perdido, pero al fin pude dar _____ su casa.

Frases con *hacer*

I. Complete las oraciones, usando expresiones con **hacer** para traducir al español las frases en inglés.

1. (*ask questions*) Los alumnos _____ en la clase.

2. (*hurt myself*) (Yo) _____ al tirarme del trampolín.

3. (*tore into pieces*) El perrito _____ las zapatillas.

4. (*played the role*) El artista que_____ principal era excelente.

5. (*made a stop*) El vuelo de Miami a Buenos Aires _____ en Río de Janeiro.

6. (*to pack*) Tenemos que _____ porque mañana salimos de viaje.

7. (*stand in line*) Tuvimos que _____ por una hora para entrar en el parque de diversiones.

8. (*plays deaf*) Cuando mi abuelo no quiere contestar_____.

Expresiones idiomáticas

I. Escoja una de las siguientes expresiones para completar las oraciones. Haga los cambios que sean necesarios.

de vez en cuando   estar de moda   estar de paso   tener en cuenta
llover a cántaros   en un abrir y cerrar de ojos   tomarle el pelo   dar en el clavo
hablar entre dientes   hacer caso   no haber más remedio

1. Debemos _____ que ellos están mal económicamente.

2. No siempre vamos a bailar; solo _____.

3. Hoy en día _____ el usar el pelo corto.

4. Hizo mal tiempo; ayer _____.

5. ¿Qué opción me queda? Tengo que ir al dentista; _____

   _____ .

6. ¡Qué rápida es! Ella hizo el trabajo _____.

7. Es un niño desobediente. Raras veces le _____ a su mamá.

8. No pude entender lo que decía porque _____.

9. No te lo creo; _____…

10. Tienes toda la razón; _____.

Repaso de acentuación

I. Escriba los acentos en las palabras que lo necesiten.

1. ¿Que dice el psicologo?
   Dice que no estas loco; que solo debes descansar mas.

2. ¿Como cuantas personas habra en esta sala?
   Creo que hay facilmente unas quinientas.

3. ¿Con quien fuiste al cine anoche?
   No te voy a decir el nombre de la persona con quien fui.

4. ¿Cuanto dinero debo prestarle a Tito?
   Prestale unicamente lo que sea necesario.

5. ¿Cuando ponen la nueva pelicula de Saura?
   Proximamente se estrena en Madrid. No se cuanto cuesten las entradas.

6. ¿De donde es Luz Maria? Me han preguntado tambien que de donde eres tu.
   Soy de una region cerca de aqui, donde se hacen unos vinos excelentes.

Repaso de ortografía: cognados

I. Escriba el equivalente en español de las siguientes palabras. Si no está seguro de la ortografía consulte el diccionario.

1. telephone _____
2. spirit _____
3. committee _____
4. commission _____
5. professional _____
6. archaeology _____
7. scandal _____
8. stupid _____
9. phantom _____
10. phenomenon _____
11. pharmacy _____
12. sponge _____
13. spectator _____

14. orchid _____
15. immature _____
16. stamp _____
17. stadium _____
18. statue _____
19. status _____
20. star _____
21. collaborate _____
22. professor _____
23. immigrant _____
24. orchestra _____
25. possession _____
26. special _____

Respuestas

Cuaderno de actividades

Capítulo preliminar

Diptongos y triptongos

1.	3.	5. X	7. X	9.	11. X	13.	15. X	17. X	19. X
2. X	4.	6. X	8.	10. X	12. X	14.	16. X	18. X	20. X

División de sílabas

1. ma-ra-vi-llo-so	6. sep-tiem-bre	11. abs-trac-ción	16. u-sa-do
2. pai-sa-je	7. gui-ta-rra	12. par-que-ci-to	17. na-cio-nes
3. a-gua-ca-te	8. pe-rro	13. in-ne-ce-sa-rio	18. in-fluen-cia
4. ins-truc-ción	9. es-tu-dia-rí-a	14. miér-co-les	19. al-mo-ha-da
5. en-fren-te	10. a-tle-ta	15. ve-í-a	20. co-mien-do

Acentuación

I.   1. L   3. L   5. A   7. S   9. L   11. E   13. A   15. E

     2. E   4. L   6. L   8. A   10. E   12. L   14. S

II.

1. ar-<u>tis</u>-ta	5. can-<u>cio</u>-nes	9. co-<u>he</u>-te	13. ca-<u>lla</u>-do
2. ca-<u>be</u>-llo	6. <u>don</u>-de	10. li-ber-<u>tad</u>	14. <u>cor</u>-tes
3. en-ten-<u>der</u>	7. <u>vie</u>-jo	11. <u>to</u>-rres	15. re-<u>loj</u>
4. es-cri-<u>bie</u>-ron	8. <u>cuar</u>-to	12. ge-ne-<u>ral</u>	16. es-tu-<u>dian</u>-te

III.

1. dé / de	4. Sí / como	7. Qué / que	10. Si / cómo
2. Te / de / té	5. Cuánto	8. Cómo / sé / cómo	
3. mí / mi	6. Qué	9. Tú / tu / qué / él	

IV.   1. que / él / sólo   2. cuando / sé / que / que   3. dé / mi / porque

V.

1. lecciones	3. portugueses	5. órdenes	7. alemanes	9. regiones
2. ocasiones	4. líderes	6. exámenes	8. cárceles	10. sofás

Mayúsculas

I. <u>En</u> diciembre del año pasado fui de vacaciones a <u>Sudamérica</u>. <u>Fui</u> con los señores <u>Benítez</u>, unos amigos argentinos que tienen parientes en la <u>Argentina</u>, el <u>Ecuador</u> y <u>El Salvador</u>. Me gustó muchísimo <u>Buenos Aires</u>, la capital argentina que se encuentra junto al río de la <u>Plata</u>. <u>Visitamos</u> el <u>Teatro Colón</u>, que está situado en una de las principales avenidas de la ciudad. <u>La Calle Florida</u> es muy popular por sus muchas tiendas donde se encuentran todas las últimas modas europeas, principalmente las que vienen de <u>Francia</u> e <u>Italia</u>. Compré muchos libros y encontré uno de <u>Jorge Luis Borges</u> que se titula <u>*Siete Noches*</u>, que contiene las conferencias que él ofreció en el <u>Teatro Coliseo</u> de <u>Buenos Aires</u> en 1977.

II. 1. Al viajar por la carretera de Cuernavaca a Taxco pudimos ver los volcanes Popocatéptl e Ixtaccíhuatl, llamados cariñosamente Popo e Ixta por los mexicanos.
2. En la Basílica de Guadalupe había mucha gente de rodillas. Algo impresionante para todos nosotros. Muchos llevaban imágenes de la Virgen María, otros rezaban ante el Sagrado Corazón de Jesús.
3. Íbamos hacia la plaza llamada El Zócalo cuando Anita se dio cuenta de que había perdido su billetera donde llevaba papeles importantes, incluyendo su tarjeta con el número del Seguro Social. Cruzó la calle Insurgentes y se dirigió a la Embajada Americana, donde tuvo que reportar su pérdida.

III. 1. Le mandaron un correo electrónico a la Srta. Méndez y al Lic. Ortiz.
2. ¿Dónde van a pasar Uds. la Semana Santa?
3. Por ser el 14 de febrero, Día de los Enamorados, me envió una docena de rosas.
4. Los mexicanos celebran la independencia el 16 de septiembre. En EE. UU. celebramos el Día de la Independencia el 4 de julio.
5. Soy de Centroamérica, de El Salvador, pero me encantaría visitar los países andinos: Bolivia, el Perú y el Ecuador.
6. El GOP, es decir, el partido republicano, hizo una fuerte campaña en las últimas elecciones.
7. Creo que todos esos países pertenecen a la Organización de Estados Americanos, la OEA.
8. Del río Colorado sale el agua para varios estados del Sudoeste.
9. Ella trabaja para el Seguro Social. Yo, para el Departamento de Comercio.
10. La santa patrona de los músicos es Santa Cecilia.

Signos de puntuación

I. Querida Ana:

Ayer fuimos a ver el Desfile de las Rosas en Pasadena, California. ¡Qué belleza, qué exhuberancia de color e imaginación! Las carrozas (*floats*) estaban cubiertas de rosas, gardenias, jazmines, claveles, en fin, todo tipo de flor y semilla se veía representado allí. Un señor que estaba a mi lado me preguntó: "¿Hacen este desfile siempre el día de Año Nuevo?" Le contesté: "Señor, este desfile es ya una tradición y atrae una gran variedad de público: viejos, jóvenes, niños y turistas que vienen de todas partes del mundo".

II. 1. Ustedes deben estudiar en su libro de historia (capítulos 10-11) los efectos de la guerra civil.
   2. Algunas aerolíneas (Continental, American, Delta) han ofrecido grandes descuentos.
   3. Miguel de Cervantes (1547-1616) participó en la batalla de Lepanto (Grecia) donde perdió el uso de la mano izquierda.
   4. Creo que ese escritor fue un "hippie" en aquellos años.
   5. Nos gritó en voz alta: "Salgan de allí."
   6. Las instrucciones (páginas 20-25) están en inglés, pero la ilustración (fig. 21) que aparece en la página 26 está en español.
   7. Esa cita aparece en el cuento de García Márquez (página 85).
   8. "Apocalipsis" es el título de un cuento de Marco Denevi (Argentina 1922-).

III. 1. Voy a ver, por segunda vez, la película "Evita."
   2. Tengo las siguientes clases este semestre: matemáticas, física, química, biología e historia.
   3. ¿Quién viene a cenar esta noche?
   4. Manuel, cuando salgas lleva la capa de agua; oí en la televisión que va a llover.
   5. Conocí a la novia de Arturo anoche. ¡Qué inteligente es!
   6. La famosa frase de "vine, vi, vencí" se le atribuye al dictador romano Julio César, una de las más altas figuras de la historia.

IV.
—¿A qué hora vienen a cenar los Salcedo? —preguntó Marta.
Y Roberto le contestó: —Vienen a las siete.
Marta estaba apurada.
—Por favor, Roberto, ¿por qué no les pides que vengan un poco más tarde? Todavía no he ido al mercado.
—Dime qué necesitas. Yo te lo traigo.
—Necesito lo siguiente: aguacates, cebollas, tomates y cilantro.
—Hmmm...¡Qué bueno que vas a preparar un guacamole! También sería bueno que...
—Nada de también. Bastante trabajo ya tengo.

La oración y sus elementos principales

I. 1. X   4. X   5. X   6. X

II. El encuentro de dos mundos y dos culturas ocurrió el 12 de octubre de 1492 cuando
   art N   A   N   A   N   V   art   N

los sorprendidos indios recibieron en el Nuevo Mundo a unos seres extraños que
art   A   N   V   art A   N   art N   A

traían espadas y cruces que eran cosas desconocidas para los indígenas.
  V   N   N   V   N   A   art   N

III 1. <u>Rubén Darío</u> <u>fue</u> <u>un gran poeta nicaragüense</u>. <u>Sus poemas</u> <u>son</u> <u>musicales</u>. <u>Los</u>
        S   V   C-pr   S   V   C-pr

    <u>versos</u> <u>fluyen</u> <u>con soltura</u>. <u>Darío</u> <u>introdujo</u> <u>innovaciones</u> <u>en la poesía</u>. <u>Él</u> <u>le</u>
      S   V   C-cir   S   V   C-dir   C-cir   S C-ind

    <u>escribió</u> un <u>poema</u> <u>a Walt Whitman</u>. <u>Los poetas</u> de su época <u>imitaron</u> <u>a Darío</u>.
      V   C-dir   C-ind   S   V   C -dir

  2. <u>Pedro</u> <u>es</u> <u>un abogado muy famoso</u>. <u>Su esposa Alicia</u> <u>está</u> <u>muy feliz</u>.
      S V   C-pr   S   V   C-pr

    <u>Antonio</u> <u>escribió</u> <u>esta tarjeta</u> <u>para ellos</u>.
      S   V   C-dir   C-ind

  3. <u>Nosotros</u> <u>les</u> <u>llevamos</u> <u>un regalo</u> <u>a Pedro y a Alicia</u>.
      S   C-ind   V   C-dir   C-ind

    <u>Sus hijos</u> <u>hacen</u> <u>una fiesta</u> <u>todos los años</u>.
      S   V   C-dir   C-cir

Capítulo 1

Repaso de la lectura

I. 1. a   2. c   3. b   4. b   5. b

II. 1. huellas   3. siglos / mezclaron
    2. paisaje / castillos / belleza   4. obras / demuestran

Del verbo: persona, número, modo y tiempo

I. 1. Imperativo 2. Indicativo 3. Indicativo 4. Subjuntivo 5. Subjuntivo

II 1. recordar 2. tener 3. escribir 4. probar 5. despedir 6. traer

Presente de indicativo

I.
1. dura
2. llevan
3. Fundan
4. crean
5. edifican
6. Dejan
7. queda

II.
1. Dirijo
2. Escojo
3. Sigo
4. Convenzo
5. Consigo

III.
1. cabemos (caben) / quepo
2. ofrezco / ofrece
3. envío / envías
4. protegen / protejo
5. huye / huimos
6. te ríes / me río
7. traducen / traduzco
8. enfría

IV.
1. duerme / podemos / tenemos
2. me despierto / me visto
3. piden / vuelven
4. nos despedimos / doy
5. se divierten / juegan
6. conduzco / cuida
7. dice / oigo / da
8. Conoce / conozco / sé
9. distribuye / entiende
10. Van / quepo / voy

V.
1. somos / dormimos / tenemos / Salimos / venimos / reunimos / Pedimos / oímos / repetimos / nos divertimos
2. sé / conduzco / conozco / distingues / atribuyes / voy / me distraigo / Quieres / Sigues / sigue

VI
1. Tomo (una) aspirina.
2. Lo llevo al mecánico.
3. Pido un préstamo.
4. Doy una fiesta.
5. Me acuesto a dormir.
6. Me pongo a dieta.
7. Juego al tenis.
8. Sirvo la cena.
9. Hago la maleta.
10. Bebo un refresco.

Reflexivos

I. me despierto / se levantan / nos desayunamos / se baña / vestirme / me maquillo / me peino

II. Las respuestas variarán.

III. 1. me arrepiento 2. se preocupa 3. se aburren 4. me acuerdo 5. se alegrará

IV. va / cortarse / se lava / se pone / afeitar / se siente / se alegra de / se burlan de / se empeña en / resignarse a

V. 1. se parece   3. volvió   5. abonar   7. levanta
    2. parece   4. casó   6. abonarse   8. prueba

VI. Las respuesta variarán.

Verbos que expresan idea de cambio

1. se pone
2. Nos quedamos
3. se queda
4. se vuelve
5. se pone
6. se vuelve
7. Me quedo
8. se pone
9. llega a ser
10. llega a ser

Interrogativos

I. 1. Cuántos   3. Qué   5. qué   7. Cuál
    2. Cuál   4. Cuál   6. quién   8. Cuánto

II. 1. ¿Cuánto pagaste por la blusa?
2. ¿Cuántos hermanos tienes?
3. ¿Dónde está la cartera?
4. ¿Qué día es hoy?
5. ¿Qué color prefieres?
6. ¿Cómo estuvo el concierto?
7. ¿De dónde eres?
8. ¿De qué es el reloj?

III. 1. ¿Qué camisa te gustaba más? (Cuál te gustaba más?)
2. Pero, ¿cuál compraste?
3. ¿Cuánto te costó?
4. ¿De qué es la camisa?
5. ¿Cuántas camisas de seda tienes?

Repaso de acentuación

1. Cómo   3. qué / Cuáles   5. quienes   7. Dónde
2. como / que   4. donde   6. Qué / Cuando   8. como / como

Repaso de ortografía: c, s, z

I.

nobleza	ignorancia	lápices	toser
reducir	ausencia	González	avaricia
veces	servicio	convulsión	Teresa
meses	oficial	pasión	explosión
niñez	dificilísimo	comencé	justicia
traducir	actriz	Pérez	lapicito

II. 1. coser
2. Siento / cenar
3. Haz / vez

4. sesión
5. abrazó
6. casa / hasta

III. 1. conozco
2. empiezan
3. raíces
4. produce
5. actrices

6. hiciste
7. traduzco
8. lucecita
9. grandeza
10. japonés

Capítulo 2

Repaso de la lectura 1

I. 1. c   2. b   3. b   4. a   5. c

II. 1. ayuntamiento
2. nivel de vida
3. pobreza

4. fuentes
5. ejército
6. han desarrollado

Repaso de lectura 2

I. 1. V   2. F   3. F   4. V   5. V

II. 1. atrae   2. trama   3. mudo   4. detener   5. pareja

Pretérito

I. 1. vino / contó / se levantó / tuvo / recogió / ordenó / puso / empezó / Caminó / terminó
2. llegué / encontré / dijo / pasó / traté / pudo / trajo / busqué / logré / escribió / di / preparó / tuve
3. fue / gustó / pusieron / pudo / leyó / hizo / se enteró

II. fue / salí / llegué / di / cayó / Volví / recogí / dirigí / Fui / oí / vi / detuvo / pidió / hice / expliqué / creyó / puso / anduve

III. Los párrafos variarán.

IV. 1. ¿Tuviste que hacer cola?
2. ¿Conseguiste las entradas para el sábado o para el domingo?
3. ¿Pagaste en efectivo o con tarjeta de crédito?
4. ¿Averiguaste la hora exacta?
5. ¿Viste a algunos artistas?
6. ¿Escogiste buenos asientos?
7. ¿Trajiste los billetes contigo?
8. ¿Fuiste a la taquilla del teatro o a *Ticketmaster*?

V. Respuestas sugeridas.
1. Sí, me divertí mucho. Sirvieron comida mexicana, cerveza y vino.
2. Sí, almorcé con Maribel en la cafetería de la universidad.
3. Sí, dormimos en el hotel que nos sugeriste; pedimos un cuarto con vista al jardín porque había menos ruido.
4. Hice las reservaciones hace dos semanas. Llegué a tiempo al aeropuerto aunque por poco pierdo el avión.
5. No, no creí lo que dijo porque siempre dice mentiras. Pero de todos modos me reí porque sus mentiras son ridículas.
6. Sí, oí que iba a hacer mal tiempo. El meteorólogo dijo que iba a nevar.

Imperfecto de indicativo

I.							
1.	gastaba	3.	escribía	5.	iba	7.	era
2.	pagaba	4.	vivía	6.	estaba	8.	tenía

II.							
1.	aplaudía	3.	reñía	5.	bebía	7.	hacían
2.	gritaban	4.	se reían	6.	Había	8.	se divertía

III.							
1.	consistía	3.	se representaba	5.	creían	7.	evitaban
2.	tenía	4.	había	6.	trataban		

Usos del pretérito y el imperfecto y las diferencias entre ellos

I.			
1.	estaba / despertó	4.	Corrí
2.	asomé / vi / ardía	5.	llegó / pudieron
3.	Hacía / se extendían		

II.										
1.	Eran	4.	parecía	7.	llamó	10.	contestó	13.	llegó
2.	estaba	5.	iba	8.	preguntó	11.	estaba	14.	tomamos
3.	queríamos	6.	decidimos	9.	quería	12.	iba	15.	nos sentamos

III.
1. tuvo	4. condenó	7. salió	10. existía	13. expresó
2. Nació	5. sintió	8. se fue	11. se limitó	
3. era	6. estaba	9. escribió	12. dejó	

IV. tuve / quise / cogí / puse / concentré / volaron / escribí / Érase / era / estaba / era / estabas / era / eras / sentía / era / fue / logré / pude

Respuestas sugeridas

1. El compositor pone énfasis en el hecho que se cumplió: Primero ocurrió el sueño y después trató de convertirlo en canción y lo consiguió. El significado cambiaría en imperfecto porque entonces el énfasis no estaría en el hecho que terminó y se cumplió.
2. Podría interpretarse como la inspiración que le vino milagrosamente para poder escribir la canción.
3. La mujer lucía preciosa con un vestido sencillo color de rosa.
4. Porque consiguió besarla aunque fuera en sueño.
5. No sólo tenía la habilidad o capacidad para besarla, sino que se consiguió el beso. Si estuviera en el imperfecto "podía", no se sabría si la besó o no.

Artículo definido

I.
1. la	5. Ø	9. lo	13. lo
2. el	6. el	10. La	14. La
3. El	7. Ø la	11. las	
4. Lo	8. lo Ø	12. Ø	

II.
1. el inglés	3. los	5. del	7. el diez
2. Las flores	4. al	6. la	8. al

III.
1. la	5. la	9. el	13. del
2. la	6. La	10. del	
3. La	7. la	11. Ø	
4. el	8. el	12. las	

IV.
1. el / las / del / la	3. Ø / el / la / los	
2. las	4. el / del / El / el	5. el / Ø

Artículo indefinido

I. 1. un   2. un   3. Ø   4. un   5. Ø   6. Ø   7. una

II. (Los párrafos variarán.)

III. 1. una   2. Ø   3. una   4. unos   5. Ø

IV. 1. unas   3. otra   5. unas cien   7. Qué mujer
     2. otros   4. otros   6. tal cosa

Verbos impersonales

1. amaneció   3. parecía   5. estuvo   7. Parecía   9. llueve
2. Precisaba   4. diluvió   6. escampó   8. amaneció   10. Hace

Repaso de puntuación

1. La película que Elena fue a ver le gustó porque en ella no pusieron escenas de violencia y pudo pasar un rato agradable. Ella leyó en el periódico la reseña que hizo el crítico de cine y se enteró del argumento romántico de la misma.

2. Nosotros queríamos ir a casa de Ramón para celebrar su graduación. Como parecía que iba a llover decidimos tomar un taxi aunque su casa no queda lejos. El taxi vino enseguida y Miguel, Marta y yo estábamos felices. Pero ocurrió un accidente rumbo a la casa de Ramón; otro auto chocó con nuestro taxi. Pasamos un mal rato, pero afortunadamente no fue nada serio. Llegamos un poco tarde, pero la fiesta estaba muy animada y todos pudimos gozar de la buena comida, la música y el baile.

Repaso de ortografía

I.

tablero	haber	obviamente	mandíbula
servimos	movimiento	gobernante	biblioteca
bloque	dibujos	prohibir	responsable
embargo	aburrido	fábrica	habitación
describir	levantando	nervioso	iba
advertir	privado	jabón	vestido
fiebre	rubia	invertir	

II. 1. tuvo   3. a haber   5. varón   7. bello   9. botes
     2. vello   4. tubo   6. botas   8. votar   10. a ver

$\mathcal{C}apítulo$ 3

Repaso de la lectura 1

I. 1. F   2. V   3. F   4. F   5. V

II. 1. se dio cuenta   3. vencer   5. guión   7. adelante
    2. asistía   4. desapercibida   6. redactar   8. alienta

Repaso de la lectura 2

I. 1. F   2. F   3. V   4. V   5. F

II. 1. A pesar de   3. dar con   5. Ambos
    2. entonaban   4. acaricia   6. fe / auxilio

Futuro Condicional

I. 1. habrá   2. saldrá   3. podré   4. diré   5. llamará

II. 1. será   2. habrá   3. hablará   4. expondrá 5. irán

III. 1. se presentarán   5. obtendrán
     2. representará / defenderá   6. dirigirán
     3. se declarará   7. hará
     4. seguirá   8. tendrá

IV. Respuestas sugeridas.
    1. Jaime verá a su familia y a sus amigos.
    2. Saldrá la próxima semana.
    3. Yo lo llevaré.
    4. Estará allí unas cuantas semanas.
    5. Irá con su amiga Marta.
    6. No, no vendrá nadie con él.
    7. Les llevará algunos artículos para la casa.
    8. Creo que traerá un poncho de alpaca o algunos recuerdos.

V. Respuestas sugeridas:
1. La recepción va a ser a las nueve.
2. Creo que Margarita va a hacer los vestidos.
3. Claro, va a haber un baile después de la ceremonia.
4. No sé quiénes van a ser los padrinos de la novia.
6. Vamos a ver a nuestros parientes en la boda.

VI. 1. Será mi suegra la que llama por teléfono.
2. El niño tendrá un resfriado.
3. Maricela buscará trabajo en la ciudad.
4. Los niños jugarán a la pelota.

VII.1. Me dijo que el traje estaría listo mañana.
2. Iría contigo pero no tengo tiempo.
3. Conseguiría el trabajo que paga mejor.
4. Serían las once cuando llegó.
5. Nos prometió que no daría un examen esta semana.

VIII. Respuestas sugeridas:
1. Dejaría mi trabajo.
2. Me pondría muy contento.
3. Lo pondría en una cuenta de ahorros.
4. Iría a la embajada para conseguir otro. Avisaría a la policía.
5. Invitaría a mis amigos a una fiesta.

IX. 1. Me aseguraron que manejarían con cuidado.
2. Estaba seguro de que no sabrían encontrar la casa al no tener la dirección.
3. Alfredo dijo que pospondrían las otras visitas.
4. Creyó que se quedarían unas cuantas horas.

X. 1. llamará   3. llegará   5. habrá
2. vendría   4. sería   6. iría / gustaría

XI. Las respuestas variarán. Sugerencias:
1. No tendría dinero.
2. Les comprarían los juguetes que querían.
3. No me oiría.
4. Estaría enojada.
5. Estarían cansados los músicos.

Usos de *ser* y *estar*

I. 1. está   3. es   5. están   7. estamos   9. son
    2. es   4. está   6. está   8. están   10. son

II. 1. Es   3. es   5. Era   7. son   9. son - están
    2. estaban   4. fue   6. es   8. está   10. es (será)

III. 1. es   3. somos   5. Estoy   7. es   9. somos
    2. está   4. soy   6. es   8. somos

IV. 1. F   3. A   5. G   7. D   9. J
    2. E   4. H   6. C   8. I   10. B

V. Las respuestas variarán.

El gerundio o participio presente

I. 1. El bibliotecario está arreglando los libros en el estante.
    2. Una estudiante está consultando el catálogo.
    3. Unos estudiantes están leyendo unas revistas.
    4. Un señor está usando la computadora.
    5. Una señora le está pidiendo información a la recepcionista.
    6. Dos estudiantes están buscando unos periódicos.

II. 1. Conociendo   6. está comiendo
    2. Estando   7. está distribuyendo
    3. riendo (riéndose)   8. Estuvo lloviendo
    4. esperando   9. siguió llorando
    5. Saliendo   10. estaba hablando

III. Se aceptarán varias respuestas.

IV. 1. Betito estaba peleando con el perro.
    2. Papá estaba sirviendo unos refrescos.
    3. Mi abuela estaba leyendo unos refrescos.
    4. Ana María estaba oyendo música en su *walkman*.
    5. Mi hermano mayor estaba discutiendo con su novia.
    6. Mi hermano menos estaba jugando con el gato.

Usos del infinitivo

I. 1. para jugar   3. Antes de pagar   5. Al llegar   7. de llorar
    2. Después de estudiar   4. sin decir adiós   6. en ir   8. El reír

II. 1. decir   3. Viajando   5. pedir   7. Caminando
    2. Querer   4. tocar   6. molestando   8. ser

Frases con *tener*

I. Respuestas sugerudas.
1. tenía mucho sueño.
2. tienes razón.
3. el otro tenía la culpa .
4. tiene miedo.
5. no tengo hambre.
6. tener cuidado.
7. tienes mucha suerte.
8. tendrá lugar?

Verbos que se prestan a confusión I

1. se mudaron	3. cabe	5. ahorrar	7. devolvió
2. conocer	4. quedan	6. sacar	8. el puesto

Repaso de acentuación

irá

había

La familia López <u>ira</u> a Chicago a la boda de su hija Marta. Yo <u>habia</u> pensado que los

acompañaría   será

darán

<u>acompañaria</u> pero <u>sera</u> imposible porque tengo que trabajar y sé que no me <u>daran</u> tiempo

libre. Mi hermano y yo les enviaremos los regalos a los novios. Estoy segura de que les

gustará

<u>gustara</u> mucho lo que les hemos comprado. Si yo no le hubiera dicho nada a mi hermano

habría   algún artículo

él les <u>habria</u> regalado una plancha o <u>algun</u> <u>articulo</u> para la casa. Pero pensándolo bien

sería

decidimos que <u>seria</u> mejor comprarles unas raquetas de tenis, ya que Marta y su novio

seguirán

son muy aficionados al tenis y de seguro <u>seguiran</u> participando en algunos torneos.

Repaso de ortografía: que, qui, cue, cui

I.	es<u>cue</u>la	ar<u>que</u>ología	se<u>cue</u>ncia
	pe<u>que</u>ño	a<u>que</u>llos	<u>que</u>ja
	<u>que</u>so	fre<u>cue</u>ncia	or<u>que</u>sta
	ra<u>que</u>ta	<u>cue</u>rda	pa<u>que</u>te
II.	ta<u>qui</u>grafía	cir<u>cui</u>to	<u>cui</u>dadoso
	es<u>qui</u>ar	des<u>cui</u>dado	<u>qui</u>nientos
	e<u>qui</u>po	<u>qui</u>tar	cos<u>qui</u>llas
	ta<u>qui</u>lla	<u>qui</u>nto	ri<u>quí</u>simo

$\mathcal{C}apítulo$ 4

Repaso de la lectura

I. 1. a   2. a   3. c   4. b   5. c

II. 1. proporcionado
     2. dictadura / disfrutó
     3. levantamiento / campesinos
     4. se inició
     5. se destacaron / alcanzar / realizó

Participios pasados

I. 1. desesperada   3. cubierta   5. abierta   7. resueltos
     2. rota   4. descompuesto   6. muerta   8. cansada

II. 1. vuelto   3. entrado   5. rotas   7. hecho   9. estado
     2. visto   4. asustados   6. apagada   8. guardado   10. sido

Tiempos perfectos del modo indicativo

I. 1. ha dado   2. han ido   3. han sido   4. han venido   5. han regresado

II. 1. Tomás había pasado la aspiradora.
     2. Ana había pulido los muebles.
     3. Javier había lavado las ventanas.
     4. Los tres habían encerado los pisos.
     5. Tomás había barrido la terraza.

III. Se aceptarán respuestas variadas.

IV. Se aceptarán respuestas variadas.

V. 1. No sé, habrá aprendido a patinar.
    2. No estoy seguro, habrá montado en bicicleta.
    3. No sé, habrán ido a nadar en el lago.
    4. No sé, habrán traído las truchas que pescaron.

VI. 1. la habría visto   3. habría podido salir en el avión
     2. habría comprado la casa   4. habría salido con ellas

VII.1. ¿Se habrá cancelado el examen?
    2. ¿Habría sido mejor llamar al profesor?
    3. ¿Ya habrá preparado el examen?
    4. Habrá incluido la sección sobre los verbos.
    5. Me habrá excluido de la clase.
    6. Me habría ayudado, pero no la llamé.

Uso del verbo *haber*

  1. hay / habría / había / hubo

Construcciones pasivas

I.   1. La noticia del crimen fue publicada en el periódico.
    2. El horrendo suceso será comentado en todas las revistas.
    3. El criminal fue detenido poco después.
    4. El criminal fue sentenciado a cadena perpetua.

II. 1. Sí, las metas han sido logradas por la organización.
    2. Sí, ese reglamento fue establecido por el presidente.
    3. Sí, la correspondencia fue distribuida por el cartero.
    4. Sí, la carta ya ha sido traducida por la secretaria.
    5. Sí, es verdad que el delincuente fue maltratado por el policía.
    6. Sí, el recibo ya fue firmado por el dependiente.

III. 1. Se ofrecerá un nuevo contrato de venta.
    2. Se aumentarán los impuestos.
    3. Se firmó la ley de exportación.
    4. Se anunciaron las nuevas tarifas.
    5. Se exportarán nuevos productos al extranjero.

IV. 1. fueron construidas   3. fueron pintados
    2. fue hecho   4. será cantada

V. A.1. están sentados 2. está servida 3. están cerradas 4. está escrita

B. 1. fueron abiertas 2. fue enviado 3. fueron revisadas 4. fue elegido

VI. 1. estaban   3. estaba   5. fueron   7. fue
    2. fue   4. fue   6. estaban   8. estaban

Frases con *se*

I. 1. A Elisa se le olvidó cerrar la puerta.
    2. Al pelotero se le quebró el bate.
    3. A Luisa se le perdió la billetera.
    4. Se me rompió el documento.
    5. Se me cerraron los ojos un momento.
    6. Se les descompuso la máquina.
    7. Se le manchó la corbata al comer.
    8. A Elsa se le cayó la bandeja.

II. 1. se le olvidó   5. se les escapó
    2. se te paró   6. se le olvidaron
    3. se me rompieron   7. se le cayeron
    4. se nos descompuso   8. se le perdió

III. Respuestas sugeridas.
    1. Se requiere el seguro del auto.
    2. Se venden en el mercado de la esquina.
    3. Se abre a las diez.
    4. Se dice que es mejor.
    5. Sí, se dan en inglés.

IV. 1. Se come bien en este restaurante.
    2. Se les olvidaron las llaves.
    3. Se le cayó la botella de vino.
    4. Las tiendas se abren a las nueve.
    5. ¿Qué se dice del nuevo decano?
    6. Una comida deliciosa se sirvió en el patio.

Gustar y otros verbos similares

I. 1. le gustan   3. le quedan   5. nos sorprende   7. te parece   9. nos encanta
    2. me duele   4. te faltan   6. le enoja   8. me alegra   10. le cansa

II. Respuestas sugeridas.
    1. Me dolía mucho la cabeza porque había mucho ruido.
    2. Me faltan $100 porque gasté demasiado cuando fui de compras.
    3. Me pareció aburrido porque tenía poca acción.
    4. Nos encantaba ir los sábados porque podíamos ver a nuestros amigos.
    5. Me quedan cinco porque...
    6. Me interesó mucho porque...
    7. Me cayó muy bien porque...
    8. Nos hizo daño la leche porque...

III. 1. le dolía la cabeza
      2. le parecía
      3. les encantó
      4. les faltaban
      5. le cayeron bien (le caían mal)
      6. le gustó (le gustaba)
      7. les quedaban

IV. Las respuestas variarán.

Palabras que se prestan a confusión II

1. presentar   3. calidad   5. solicitar / cualidades   7. recoger
2. el televisor   4. nota   6. trato   8. ingreso

Repaso de acentuación

reímos / leímos / sección / periódico / leído / oído / habían / creían / oído

Repaso de ortografía: h

I. 1. ojeada   3. honda   5. onda   7. a   9. hasta
    2. ola   4. hora   6. echa   8. hecha   10. ha

II. hijos   histórico   prohibir   huésped
     ayudar   húmedo   iba   hasta
     hiperbólico   habitual   ahogar   toalla
     alucinación   exhibir   horno   oler
     huesos   almohada   harina   astilla

Capítulo 5

Repaso de la lectura 1

I. 1. b   2. c   3. a   4. b   5. a

II. 1. crecimiento   3. éxito   5. condenado
    2. porcentaje   4. bosques   6. alzado la voz

Repaso de la lectura 2

I. 1. V   2. F   3. V   4. F   5. V

II. 1. aislado / esperanza   3. valerse / engañar   5. previsto
    2. se disponían   4. oscurecer

Repaso de la lectura 3

I. V   2.   F   3.   V   4.   F   5.   V

II. 1. paraíso / tentada   3. muchedumbre   5. bellotas
    2. caricia / frondosos   4. palidez

Afirmativos y negativos

I. 1. algún   2. algunas   3. ninguna   4. ningún

II. 1. No, no tengo nada de esa escritora.
    2. No, no creo que tengan ningún libro sobre ella en la biblioteca.
    3. No, ella no escribe tampoco ni para el cine ni para la televisión.
    4. No, ella no narra en sus cuentos ninguna impresión de sus viajes.
    5. No, no conozco a nadie que escriba mejores cuentos que ella.

III. 1. No, no tengo seguro médico.
     2. Nunca he estado en el hospital.
     3. No sé nada acerca de la historia médica de mi familia.
     4. Sí sé que nadie en mi familia ha tenido cáncer.

5. Mi esposa tampoco tiene seguro. (no tiene seguro tampoco)
6. Ella también necesita ver al médico. Ahora, más que nunca.
7. Algunas veces vamos a la clínica.
8. No, no tenemos hijos.
9. Sí, traje algunas de las referencias que pidió.
10. Más que nada, quiero ver al médico hoy.

IV. Últimamente no he visto **ningún** programa de televisión que **sea** muy **bueno**. **Ninguno es ni educativo ni divertido**. **Nadie** me había dicho que los domingos **nunca** había **ni** programas de variedad ni programas especiales para familias. **Tampoco** hay telenovelas que **sean** muy interesantes.

Imperativo

I. 1. Escriba en letra de molde.
2. Dé el nombre y dirección del seguro médico.
3. Incluya su domicilio y número de teléfono.
4. No se olvide de firmar la planilla.
5. Entregue la planilla a la recepcionista.

II. 1. Verifiquen la fecha de su cita.
2. Siéntense en el salón D.
3. No traigan comida ni bebidas al salón D.
4. No usen el teléfono celular en el edificio.
5. Esperen a que los llame la recepcionista.
6. Pidan la próxima cita con dos semanas de anticipación.

III. 1. Dale de comer al perro.
2. Lleva la ropa a la tintorería.
3. Ve al banco.
4. Págale al jardinero.
5. Pon la mesa para la cena.

IV. 1. No hables mucho por teléfono.
2. No saques al perro.
3. No pongas las plantas en el patio.
4. No le abras la puerta a nadie.
5. No uses tu computadora.

V. 1. Sentémonos aquí.
2. Démoselo hoy.
3. Cerremos la puerta ahora
4. Leamos la comedia en clase.
5. Pongamos los libros aquí.

Modo indicativo y modo subjuntivo.

I. 1. que lo llame todos los días   S
2. que viene con varios amigos   I
3. que llegaría a las cuatro   I
4. que traiga su maletín   S
5. que practiques todos los días   S

Presente de subjuntivo: formas

I. 1. llueva / venga / ayude
    2. te mejores / puedas / quiera / te diviertas
    3. sepa / se haga / estudie / pueda / aprenda
    4. sea / den / faciliten / consiga / se preocupe / se dedique / pueda
    5. lleve / engrase / revise / tenga / cueste / venda

Usos del subjuntivo. Verbos que expresan duda, voluntad o emoción

I. 1. Me alegro de que tú estudies dibujo comercial.
    2. No dudo que tú serás aceptada en una universidad buena.
    3. Dudo que consigas un apartamento cerca del campo de la universidad.
    4. Te aconsejo que hagas los estudios lo más rápidamente posible.
    5. Lamento que tengas que pagar el semestre por adelantado.
    6. Te recomiendo que empieces las clases en el otoño.
    7. Siento que no puedas contar con la ayuda de tus padres.
    8. Te recomiendo que conozcas al rector de la universidad.
    9. Dudo que no pierdas clases y llegues siempre a tiempo
   10. Espero que tú venzas todas las dificultades y saques buenas notas.

II. consultes al médico y que sigas sus recomendaciones
    te saquen (te saques) una radiografía y que mientras tanto no camines
    vayas al hospital - (Se aceptarán varias respuestas.)
    consigas un buen seguro - (Se aceptarán varias respuestas.)
    llames al Dr. Pérez - (Se aceptarán varias respuestas.)

III. Las respuestas variarán.

Frases y expresiones que requieren subjuntivo

I. 1. No es cierto que el país tenga muchas industrias.
    2. No es verdad que piensen hacer muchas reformas.
    3. No es cierto que haya muchas leyes nuevas.
    4. No es seguro que el gobierno cree muchos empleos.
    5. No es evidente que él sea un buen gobernador.
    6. No creo que haya muchas oportunidades para los jóvenes.

II. Las respuestas variarán.

Repaso de acentuación

1. Acuérdense / mí
2. Levántate
3. Dígales
4. Léalo
5. Tráigame / periódico
6. Esperémosla
7. Vámonos
8. Siéntate

Repaso de ortografía: g, j

II.

exigente	espejo	virgen	sujeto
coger	ligeramente	garage	escogido
comején	ideología	sacrilegio	original
regente	cirugía	biología	magia
viajero	colegio	geografía	aprendizaje
agente	recoger	religión	mensajero
inteligente	privilegio	urgente	tragedia
dijeron	produjéramos	dirigí	
escogiendo	protegimos	redujeron	
condujeran	fingiendo	recogieron	
exigiendo	exigió	tradujiste	

Capítulo **6**

Repaso de la lectura

I. 1. b   2. a   3. c   4. a   5. b

II. 1. quehaceres / sobresalió
    2. creció / afición
    3. cura / regañó / ejercer magisterio
    4. culpa / pecados
    5. asistir
    6. acogida / azotó / monjas

Conjunciones adverbiales que requieren el subjuntivo

I. 1. Saldremos a pasear después de que Uds. acaben de comer para hacer ejercicio.
    2. Vamos a caminar por el Parque Central hasta que nos cansemos.
    3. Iré al campo cuando pueda para montar a caballo.
    4. Visitaré el Jardín Botánico cuando tenga tiempo.
    5. Pienso repasar los nombres de las plantas en cuanto vuelva a casa.

II. Las respuestas variarán.

III. 1. vaya   3. termine   5. pagues   7. sepamos   9. oscurezca
     2. entienda   4. llega   6. costó   8. encontró   10. empiece

El subjuntivo con antecedente indefinido o negativo

I. 1. guste   3. queden / cuesten   5. encuentre / busca
    2. es   4. tengan / combinen   6. vaya / tiene

II. 1. eran (son)   3. interese   5. va   7. conviene   9. tenga
    2. esté   4. compartimos   6. tengamos 8. llame   10. sea

Otros casos que requieren el subjuntivo

I. 1. Cuandoquiera que lo lleve
    2. Quienquiera (que sea)(que me lleve)
    3. Dondequiera que la compre
    4. Por difícil que sea
    5. Dondequiera que estén

II. 1. sabe   4. viene   7. forma   10. escuche
    2. sepa   5. sea   8. consigas   11. sea
    3. sea   6. vayas   9. incluya   12. estuvimos

Imperfecto de subjuntivo

I. 1. que cupieran todos   S
    2. que sirvieron la cena a las ocho I
    3. que no pudiéramos ayudarte   S
    4. que le pedí   I
    5. que habíamos encontrado el dinero I

II. 1. Algunas señoras se visten como si fueran a un baile.
    2. Algunos jóvenes duermen como si estuvieran aburridos.
    3. Algunas personas comen como si estuvieran muertos de hambre.
    4. Algunos niños corren y gritan como si estuvieran en sus casas.
    5. Algunos señores se quejan como si fueran niños.
    6. Algunas muchachas me tratan como si yo fuera su madre.
    7. Algunas personas corrigen al guía como si fueran expertos.

III. 1. contara / siguiera / hiciera / dijera / fuéramos
    2. te enojaras / prestara / dieras
    3. escribiera / concediera / hiciera / leyera

IV. 1. (Ellos) Me aconsejaron que yo tomara esa clase.
    2. Quería que ellos trajeran sus tarjetas de identidad.
    3. Nos propuso que pagáramos la matrícula.
    4. Recomendó que ella consiguiera una beca.
    5. Deseaba que pudiéramos estudiar.
    6. Me sugieren que estudie medicina.
    7. Prefiere que yo escoja una carrera más fácil.
    8. Me pidieron que yo llenara la solicitud.
    9. Nos rogó que devolviéramos los libros.
    10. Me recomendó que tomara biología y química.

V. 1. Que fuera a Wendy's y que comprara una hamburguesa.
    2. Que se casara con una millonaria y que se hiciera político.
    3. Que hiciera ejercicio y que bajara de peso.
    4. Que se fuera de NY y viviera en Arizona.
    5. Que consiguiera las entradas e invitara a su novia.
    6. Que lo devolviera y exigiera su dinero.
    7. Que viajara a Cancún y se divirtiera en la playa.
    8. Que la hiciera en casa y que sirviera champaña.

Presente perfecto de subjuntivo

I. 1. hayas llegado tarde al trabajo.
    2. el jefe se haya enojado contigo.
    3. hayas podido terminar todo el dictado que te pidió el Sr. López.
    4. tu colega te haya ayudado con la traducción.
    5. hayas escrito diez cartas.
    6. hayan ido a bailar después del trabajo.
    7. se hayan divertido mucho.
    8. hayas llegado a casa temprano.

II. 1. Lamento que Luisa haya dejado el libro que necesitaba en la biblioteca.
2. Espero que hayas escrito la composición para la clase de inglés.
3. Creo que los estudiantes han copiado las notas que les dio el profesor.
4. Ojalá que Rubén haya hecho las copias que le pedí.
5. Es verdad que ellos ya han devuelto la máquina de escribir.
6. Espero que la secretaria haya puesto todos los informes en el archivo.

III. 1. hayamos ido / haya podido / haya conseguido / haya demorado
2. hayan visto / hayan puesto / hayan sabido / haya apreciado

Pluscuamperfecto de subjuntivo

I. 1. hubieras estado   3. hubieran visto   5. nos hubiéramos quedado
2. hubiera avisado   4. hubieran vuelto   6. hubieran ido

II. (Sugerencias)
1. Me alegré de que hubiera abierto una sucursal en Puerto Rico.
2. Dudé que hubieran entrevistado al jefe de personal.
3. Sentí que hubiera traducido sólo uno de los folletos.
4. Qué lástima que no hubiera podido proteger todas las inversiones.
5. Ojalá que lo hubieran protestado.

Secuencia de tiempos

I. 1. permita / dé / se oponga / haga / publique
2. usar / ponga / salga / lleve
3. pagara / vuelva / tenga / dé / devuelva
4. ganara (hubiera ganado) / hubiera reunido / haya perdido / luchen
5. acompañara / hubiera podido / consiguiera / fuera / sea / invitara / ha llamado (llamó)

Cláusulas con si

I. Las respuestas variarán.

II. 1. a) hace   b) hiciera   c) hubiera hecho
2. a) termino   b) terminara   c) hubiera terminado
3. a) pide   b) pidiera   c) hubiera pedido   d) pidió
4. a) busca   b) buscara   c) hubiera buscado   d) buscó

II. 1. leyera   3. ayudaría   5. pudiera   7. habrían educado
2. daría   4. prestas   6. hubiera venido

Repaso de acentuación

1. llegará / llegara
2. pague / pagué
3. trabajaran
4. toque
5. compré / compre
6. busqué / busque

Repaso de ortografía: ll, y, -ío, -illo, -illa

I.
callado	payaso	martillo	ensayo
oyendo	callejuela	panecillo	yegua
lleno	caballero	relleno	galleta
servilleta	lloviendo	yeso	ayudando
huyeron	cayeron	trayendo	llegar

II.
rocío	geometría	travesía	cosquilla
vacío	pastilla	pasillo	sociología
garantía	ojillo	escribía	amarillo
sombrilla	resfrío	maravilla	encendía

Capítulo **7**

Repaso de la lectura 1

I. 1. b   2. c   3. a   4. b 5.c

II. 1. niñez / se entretenía / escondido
2. cambiaron su nombre / el extranjero
3. éxito / combinaron / nombramientos / proporcionaron

Pronombres en función de complementos directos e indirectos

I. Respuestas sugeridas:
1. Lo recibió una chica de Suecia.
2. Las harán en los Estados Unidos.
3. La ganó un joven de Puerto Rico.
4. Los felicitó el presidente de la organización.
5. Lo publicarán la semana próxima.

II. 1. les / a los vendedores   les / a los clientes
    2. le / al jefe de ventas   le / al jefe de ventas
    3. le / al distribuidor   les / a ellos

III. 1. nos / nos / le   2. les / les   3. te / me / le

IV. 1. le   2. les   3. les   4. les   5. le

V. A.1. Le di de comer al gato.
     2. Le pasé la aspiradora a la alfombra.
     3. Les puse agua a las plantas.
     4. Les quité el polvo a los muebles.
     5. Le limpié la jaula al perico.

B. 1. Me planchó los pantalones
   2. Me limpió el escritorio.
   3. Me arregló una silla rota.
   4. Me barrió la terraza.
   5. Me sacó las sillas al patio.

Uso de dos pronombres complementos en una misma oración.

I. 1. me lo   3. se lo   5. se lo   7. se la   9. se los
  2. Se lo   4. me lo   6. me lo   8. se la   10. te la

II. 1. Sí, está usándola.   4. Sí, nos las dieron.
    2. Sí, puedo dárselos.   5. Sí, tiene que firmarlos.
    3. Sí, voy a enviárselo.

III. 1. Sí, se la voy prestar.
    2. Se la piensa enviar el próximo lunes.
    3. Se los estábamos dando a los clientes.
    4. Sí, se lo puedo mandar esta semana.
    5. Sí, es verdad que se los está dictando.

Pronombres reflexivos

I. 1. Siéntense. No se sienten.
  2. Lávese. No se lave.
  3. Pongámonos. No nos pongamos.
  4. Vámonos. No nos vayamos.
  5. Levántate. No te levantes.

II. 1. Diviértanse.   3. Apúrate.   5. No te despidas.
    2. Váyanse.   4. No te rías.

III. Respuestas sugeridas:
    1. Sí, se lo está poniendo porque tiene frío.
    2. No, no voy a ponérmelas porque me aprietan mucho.
    3. No, no queremos quitárnoslos.
    4. Sí, estoy segura de que se los probaron.
    5. Sí, pónganselo.

Pronombres usados después de preposición

I. 1. ti   3. sí   5. mí   7. yo   9. mismo(a)
   2. nosotros   4. yo   6. ella   8. conmigo   10. ella

II. 1. para nosotros   5. con él   9. para sí mismo
    2. cerca de mí   6. para ellos   10. sin nosotros
    3. contigo   7. tú y yo
    4. con ella   8. menos (excepto) yo

Frases con *hacer*. *Hace* + tiempo + *que*

I. 1. Hace cinco días que llegué a Chile.
   2. Hacía tres años que no visitaba Santiago.
   3. Hacía un año que no veía a mi familia.
   4. Hace quince años que mi familia vive en Santiago.
   5. Hace un año que mi familia no viene a visitarme.

II. 1. ¿Cuánto tiempo hace que estás esperando el autobús?
    2. ¿Cuánto tiempo hace que llegaste de Valparaíso.
    3. ¿Cuánto tiempo hacía que no iban Uds. al cine?
    4. ¿Cuántos años hacía que ellos vivían en Lima cuando compraron la casa?

Repaso de acentuación

I. 1. Está vistiéndose.   8. Tráigamelas.
   2. Esperémoslos.   9. Dígale.
   3. Seguía escribiéndome.   10. Estaban preparándose.
   4. Escúchenla.   11. Quería repetírmela.
   5. Acuérdense   12. Levántate.
   6. Pensaba enviártelo.   13. Están poniéndoselas.
   7. Desea recomendárnoslo.   14. Continúe leyéndomela.

II. 1. ti   2. mí   3. sí   4. mi   5. mí   6. tú   7. él   8. mi / él

Repaso de ortografía: gue, gui, güe, güi

I. agüita, vergüenza, bilingüe, argüir, cigüeña

II. 1. siguiendo   3. llegue   5. consiguió   7. persiguió   9. reguemos
    2. angelitos   4. guerra   6. trágico   8. agencia   10. original

Capítulo 8

Repaso de la lectura 1

I. 1. b   2. c   3. a   4. b   5. a

II. 1. se remontan   4. puestos
    2. escasez / En esa época   5. negocio
    3. ciudadanía / ejército

Repaso de la lectura 2

  1. a   2. c   3. b

Repaso de la lectura 3

I. 1. a   2. c   3. c

Adjetivos y pronombres posesivos

I. 1. Su   2. Sus   3. Mi   4. Nuestro   5. tu

II. 1. tu   3. su   5. sus   7. mis   9. nuestra
    2. su   4. el suyo   6. Nuestro   8. mía   10. Nuestras

III. 1. Sí, aquél es suyo.   3. Sí, ésa es mía.   5. Sí, ésos son nuestros.
     2. Sí, ésos son míos.   4. Sí, esa es suya.   6. Sí, aquéllas son suyas.

Adjetivos y pronombres demostrativos

I. 1. esta   2. éste   3. esto   4. este   5. Esta   6. eso

II. 1. ésta / aquélla   2. éste / eso / este   3. Aquellas / Esta / esto

III. Aquellos / éstos / esto / estos / ésta

Sustantivos

I. 1. los   5. el   9. la   13. el
    2. las   6. la   10. el   14. los
    3. las   7. las   11. el
    4. el   8. las   12. la

II. 1. la actriz inglesa   5. la heroína del pueblo   9. la gallina peleadora
    2. la yegua negra   6. la poetisa inspirada   10. la atleta fuerte
    3. la nuera comprensiva   7. la duquesa española   11. la astronauta escogida
    4. la artista dedicada   8. la madrastra buena   12. la compatriota querida

III. 1. unas armas   8. los rubíes   15. las alas
     2. unos crucigramas   9. unos sofás   16. unos dólares
     3. unas cruces   10. los idiomas   17. las aguas
     4. los pies   11. las mamás   18. los martes
     5. las águilas   12. unos disfraces   19. las tesis
     6. los cafés   13. los mapas   20. los tés
     7. las hachas   14. unos poemas

IV. 1. los relojes   3. las crisis   5. la cicatriz   7. el japonés
    2. los ajíes   4. el examen   6. los tocadiscos   8. el lápiz

V. 1. La visita del Papa al Perú comenzó con una misa en la plaza de la catedral de Lima.
        Una gran multitud asistió a esa misa que comenzó a las doce del día. A las cuatro
        de la tarde todavía la plaza estaba llena de toda la gente que esperaba volver a ver al
        Papa una vez más.
    2. El pobre Felipe se dio un golpe grande en la frente al caerse en el portal cuando
        estaba arreglando la luz que está en el frente de la casa. Parece que perdió el equi-
        librio y se cayó de la escalera.
    3. Cada uno de los hermanos recibió una parte de la herencia que le correspondía. Por
        suerte, el padre había dejado todo muy bien distribuido. Además, dejó escritas las
        órdenes que quería que se cumplieran al recibir cada hijo su herencia.
    4. En el directorio telefónico encontré el número del restaurante donde comimos la
        semana pasada. Allí hacen las papas fritas más sabrosas que he comido, y me enteré
        que la dueña es una policía que se retiró el año pasado.

VI. 1. vallecito   5. perlita   9. laguito   13. bosquecito   17. platito
2. cochecito   6. caballito   10. parquecito   14. campanita   18. cucharita
3. carrito   7. muchachita   11. piedrita   15. sortijita   19. lugarcito
4. mujercita   8. abriguito   12. musiquita   16. tacita   20. dientecito

Adjetivos

I. 1. Tengo varios compañeros serios y responsables.
2. Esos trabajadores perezosos no van a recibir aumento de sueldo.
3. Aquellos jóvenes no tienen ningún talento.
4. Los empleados corteses merecen algún elogio.
5. Me divierto mucho con mis compañeros queridos.

II. 1. un suéter de lana   5. unos juguetes pequeños
2. una bufanda de seda   6. unas gafas de sol
3. un collar de perlas   7. un disco compacto
4. una pulsera de oro   8. una blusa rosada.

III. 1. envidiosa   3. feliz   5. humilde   7. miedoso   9. noble
2. leal   4. pedregoso   6. montañoso   8. pobre   10. capaz

IV. 1. una señora regordeta   4. unas personas vivaces
2. unos padres felices   5. unas obras difíciles
3. unos chicos corteses   6. unas mujeres débiles

V. 1. caluroso   3. humilde   5. encantadora   7. fragantes
2. ruidoso   4. fieles   6. montañosos   8. aburridos

VI. 1. Sacamos cien fotos durante el viaje.
2. Esos jóvenes no tienen ningún talento.
3. Ella acaba de recibir algún dinero.
4. Cervantes fue un gran escritor español.
5. A ella le gustan las frutas tropicales.
6. El edificio está en una calle estrecha de Madrid.

VII. 1. cien   6. tercera   11. vino blanco
2. arquitecto mexicano   7. Algunos   12. el ancho cielo
3. primer   8. Los días felices   13. el mismo médico
4. un gran hombre   9. Pobre hombre   14. una secretaria capaz
5. Algún   10. El buen hombre   15. El abogado mismo

VIII. Las respuestas variarán.

IX. Las respuestas variarán.

Repaso de acentuación

1. unas lecciones fáciles
2. unos portugueses discretos
3. ese inglés juguetón
4. los hombres narigones
5. unos lápices marrones

6. el cartón pequeño
7. unos exámenes difíciles
8. una nación unida
9. los corazones adoloridos
10. unos franceses corteses

Repaso de ortografía: sc

disolver	conciencia	asunción
escenógrafo	ascensión	enciendo
adolescente	descender	setecientos
efervescencia	miscelánea	necesidad
inversión	obscenidad	asegurar
eficiente	doscientos	suficiente
descentralizar	ascensor	disciplina

II.
1. consciente
2. analizaron / conceptos
3. descendientes
4. diferencias
5. escenas / violencia

6. encender / luces
7. amanecer
8. seiscientas
9. deficiente
10. eficiente / ascenso

Capítulo **9**

Repaso de la lectura 1

I. 1. b   2. c   3. b   4. a   5. c

II.
1. sobrecoge / al pie de
2. vaquero / habita / ganado / pasto
3. densos bosques

4. lugar de temporada / orilla
5. rascacielos / confiterías / periodistas
6. encabeza / se destacan

Repaso de la lectura 2

I. 1. V   2. F   3. V   4. F   5. V

II. 1. valija   3. fantasma   5. la aspiradora
    2. finge / bostezo 4. andén

Repaso de la lectura 3

I. 1. F   2. V   3. F   4. V

II. 1. tropezó / apretó   2. ni siquiera / alcanzado

Adverbios

1. 1. feo / feamente   7. rico / ricamente
    2. facilidad / fácil   8. envidia / envidiosamente
    3. lento / lentamente   9. audacia / audaz
    4. velocidad / velozmente 10. antigüedad / antiguamente
    5. tragedia / trágicamente 11. cortés / cortésmente
    6. dulzura / dulce   12. suavidad /suavemente

II. 1. cortés   3. fluida / claramente   5. egoístamente
    2. trágicamente   4. velozmente

III. 1. bien   6. lenta (despacio) / claramente
     2. buen   7. mejor que nunca
     3. bien   8. rápidamente
     4. buenos   9. aún más
     5. De vez en cuando   10. aún

Comparativos

I. 1. Aurelio es menor que su hermano.
    2. Gabriela fue la primera en llegar.
    3. Este hotel es peor que el otro.
    4. Ernestina es una mala maestra.
    5. Los padres de Teresita están muy mal.

II. 1. de / que / la / que
    2. como / que
    3. tantos / que
    4. tan / de

III.
1. tan / como   5. tanto / como   9. menor
2. más / que   6. mejor   10. tanto / como
3. menos / que   7. tantos / como
4. tanto como   8. menos / que

IV.
1. de la que   3. de lo que   5. de lo que
2. del que   4. de las que   6. de los que

Comparativos y superlativos

I.
1. el más alto   3. los mejores   5. más comercial
2. la más antigua   4. más avanzada   6. tan famoso

II.
1. la / más alta del   5. más / que   9. tanto como
2. tantos / como   6. tanta / como   10. mejor que
3. la / más grande de   7. tantos / como   11. el mayo
4. menos / que   8. tan / comor   12. más de

III. Las respuestas variarán.

IV.
1. Sí, les escribí una carta larguísima.   4. Sí, es simpatiquísima.
2. Sí, es antiquísimo.   5. Sí, es malísimo.
3. Sí, se portó amabilísimo.

V. Las respuestas variarán.

Relativos

I.
1. El avión, cuyos motores
2. El aeropuerto, cuya torre de control
3. Los pilotos, cuyas horas de vuelo
4. Las auxiliares de vuelo, cuyos uniformes
5. La aerolínea, cuya puntualidad

II.
1. que / cuyo   3. cuyo / que / quien
2. que / quien   4. quién / que / que

III.
1. que   5. que   9. lo que
2. quien (la que)   6. lo que   10. la que (cual)
3. lo que   7. El que   11. quien
4. quien (el que)   8. que   12. que

IV.
1. con quien / quien   4. que / Los que
2. que / Lo que   5. El (La) que / cuyo / quien
3. que

V. 1. Me pondré el abrigo nuevo que compré ayer.
   2. Manejaba demasiado rápido, lo que (cual) le costó una multa.
   3. La madre de Roberto, quien está enferma, no vino al programa.
   4. El apartamento que tiene cuartos espaciosos me conviene.
   5. El dependiente que me atendió ayer es muy amable.

Frases que denotan obligación

1. tengo que / hay que   2. He de / tengo que

Repaso de acentuación

Querida Raquel,

Ayer recibí una larguísima carta de Antonio en la que nos dice que piensa venir a hacer sus estudios en Nuevo México. ¡Imagínate la sorpresa! ¡Qué fantástico! ¿Por qué crees que decidió venir a Albuquerque? Dice que la última vez que estuvo aquí de visita le impresionó mucho el ambiente, el modo de vivir y el hecho de que se encuentra mucha gente de habla hispana. Creo que aquí se siente como en familia. Alberto y yo estamos contentísimos de que pronto venga, pues él es una persona muy fina y además tiene un gran sentido de humor. Bueno, amiga mía, sólo quería darte estas noticias. Sin más por hoy, recibe un abrazo cariñoso de

Lolita

Repaso de ortografía: r, rr

II.		
corrupción	pelirrojo	enredo
rueda	güera	honrado
querrán	torres	quiero
barrio	cerrar	pararrayos
guerra	erupción	grecorromano
israelita	riqueza	irracional

III. 1. cerro   4. coral
    2. forro   5. querían
    3. parra   6. ahorra / ahora

Capítulo 10

Repaso de la lectura 1

I. 1. b   2. c   3. c   4. c   5. c

II. 1. ferrocarriles / carreteras / atravesar   5. espada/ estrecha /junto a / disfrutar
   2. pintoresco   6. Escuela de Derecho / bahía
   3. meseta   7. pesca
   4. bañadas   8. irlandesa

Preposiciones

I. 1. X   2. X   3. X   5. X

II. 1. de   3. a / desde (de) / hasta (a)   5. de / contra (con)
   2. de / de   4. a / en   6. desde

III. 1. taza de café   3. buscaba   5. A quién
    2. vestida de blanco   4. pidió   6. a mano

IV. 1. En   4. a   7. en   10. en   13. de
    2. a   5. en   8. en   11. de
    3. de   6. a   9. de   12. de

V. 1. de   5. de   9. de   13. sobre   17. En
   2. en   6. entre (en)   10. con   14. de
   3. sobre   7. a   11. para   15. a
   4. de   8. en (de)   12. de   16. por

Usos de por y para

I. 1. Lo quiero para mañana.
   2. Me la vendió por muy poco dinero.
   3. No asistimos por no tener tiempo.
   4. Fui para llenar el tanque de gasolina.
   5. Iban para la universidad.
   6. Pienso estudiar para trabajadora social.

II.	1. por / para	6. por / para	11. por	16 . por
	2. Por	7. Por	12. Por / por	17. por
	3. por / para / por	8. para	13. por	18. por
	4. por	9. por	14. para	19. para
	5. por	10. para	15. por	20. por

III.	1. por	5. para	9. por	13. por
	2. por	6. Por	10. por	
	3. Para	7. para	11. para	
	4. por	8. Por	12. por	

Usos de pero y sino

I.	1. pero	3. sino	5. sino	7. sino que
	2. sino que	4. pero	6. sino	8. sino

Verbos que se usan con la preposición *a* seguida de un infinitivo y los que se usan sin ella

I.	1. a	4. a	7. a	10. Ø	13. Ø
	2. Ø	5. Ø	8. Ø	11. Ø	14. a
	3. a	6. a	9. a	12. Ø	

II. A.1.a   2. a   3. a   4. a   5. a   6. Ø   7. a

   B.1.Ø   2. Ø   3. a   4. Ø

   C.1.Ø   2. Ø

Verbos que van seguidos de preposición

I.	1. de	4. a	7. en	10. con	13. en
	2. en	5. de	8. de	11. en	14. de
	3. con	6. en	9. En	12. de	15. con

Frases con *hacer*

1. hacen preguntas	3. hizo pedazos	5. hizo escala	7. hacer cola
2. Me hice daño	4. hizo el papel	6. hacer las maletas	8. se hace el sordo

Expresiones idiomáticas

1. tener en cuenta
2. de vez en cuando
3. está de moda
4. llovió a cántaros
5. no hay más remedio
6. en un abrir y cerrar de ojos
7. hace caso
8. hablaba entre dientes
9. me estás tomando el pelo
10. le (has dado) diste en el clavo

Repaso de acentuación

1. Qué / psicólogo / estás / sólo / más
2. cuántas / habrá / fácilmente
3. quién
4. Cuánto / Préstale / únicamente
5. Cuándo / película / Próximamente / sé / cuánto
6. dónde / María / también / dónde / tú / región / aquí

Repaso de ortografía: cognados

1. teléfono
2. espíritu
3. comité
4. comisión
5. profesional
6. arqueología
7. escándalo
8. estúpido
9. fantasma
10. fenómeno
11. farmacia
12. esponja
13. espectador
14. orquídea
15. inmaduro
16. estampilla
17. estadio
18. estatua
19. estado
20. estrella
21. colaborar
22. profesor
23. inmigrante
24. orquesta
25. posesión
26. especial